PÓKER DE REINAS

Las cuatro hermanas de Carlos V

VICENTA MÁRQUEZ DE LA PLATA

EDICIONES CASIOPEA

PÓKER DE REINAS
© Vicenta Márquez de la Plata, 2019
© De esta edición: Ediciones Casiopea

ISBN: 978-84-12-05046-2
Depósito legal: M-19668-2019

Foto de cubierta: Doña Catalina de Austria. Autor: Antonio
Moro. Obra perteneciente al Museo del Prado.
Diseño de cubierta: Anuska Romero y Karen Behr

Maquetación: Carlos Venegas
Impreso en España
Reservados todos los derechos

ÍNDICE

PRÓLOGO

Tiene el lector entre sus manos un libro de especial interés. La autora, Vicenta María Márquez de la Plata, examina con meticulosidad, rigor y, sobre todo, amenidad, la vida de estos cinco hermanos del emperador, cuatro hermanas y un hermano, cuyas biografías son casi desconocidas para el gran público pero que ejercieron una notable influencia en el devenir de la política española y europea del siglo XVI.

Vicenta Márquez de la Plata no es una autora novel. Heraldista y nobiliarista destacada haciendo honor a su título, marquesa de Casa Real, ha demostrado ser una magnífica divulgadora de la historia a través de casi catorce títulos, tanto de ficción como de no ficción, esto es, ensayos y novelas históricas. De entre la materia de su especialidad profesional, dos títulos imprescindibles escritos con Luis Valero de Bernabé, *Nobiliaria Española* (2.ª edición, 1995) y *El Libro de Oro de los Duques*, del mismo año. De entre los títulos de las novelas históricas, destacamos *La Valida* (III Premio Ateneo de Novela Histórica), *El eunuco del rey* (2006), y *La concubina del rey emperador* (2012). Una de las características tanto de las obras de ficción como de las de no ficción, es presentar el contexto de personajes y situaciones con una gran maestría de forma que, al lector le hace vivir en los tiempos descritos con sus antecedentes, ilustrándolo en los más diversos aspectos, desde la vida cotidiana a la religiosidad, la política o las guerras de la época. Una labor de documentación y una cultura nada desdeñable es lo que permite a esta autora redactar tan interesantes relatos, como lo demostró en su magnífico, *Los españoles de hace 900 años* (1997).

Otra característica destacable de la prosa de la autora es su dominio de las épocas históricas medieval y moderna pero, sobre todo, su bien ponderado feminismo. Porque Vicenta Márquez es una magnífica biógrafa de mujeres, como lo puso de manifiesto en varios ensayos que no podemos dejar de recordar. A saber, *Reinas Medievales españolas* (2000), *Mujeres renacentistas en la corte de Isabel la Católica* (2006), *Mujeres de acción en el siglo de Oro.* (2007), *Mujeres pensadoras, místicas, científicas y heterodoxas* (2009), y *Las mujeres en el Quijote* (2016). Conociendo su trayectoria personal e intelectual esto no es de extrañar, por lo que en este libro ha tenido ocasión de lucirse biografiando a las cuatro hermanas de Carlos V con singular maestría, como ya hiciera con las hijas de Isabel la Católica, una reina que sorprende que no haya sido reivindicada por la bandera feminista. Es particularmente interesante el espacio concedido, a través de sus hijas, a Juana, la mal llamada Loca, víctima de su padre, marido e hijo. Un ejemplo de lo que hoy llamaríamos «violencia de género», que la llevaría a una depresión profunda y sobre la que despeja algunas dudas, al hilo de las biografías de sus hijos, que durante siglos han anidado en el imaginario popular.

Este notable trabajo dedicado a los hermanos de Carlos V resulta de una oportunidad notable para el lector que, además, ha tenido ocasión de seguir la reciente serie televisiva sobre Carlos V. Lamentablemente escasean las películas y series históricas rigurosas en nuestro cine y televisión a pesar de la gran aceptación de la que gozan entre el público tanto especializado como aficionado. También escasean ensayos divulgativos o simplemente novelas históricas sobre los hermanos del emperador, en contraste con las obras dedicadas a sus padres y abuelos maternos y, por supuesto, a Carlos V.

Aún es mayor el mérito del presente trabajo ya que reúne las cinco biografías en el mismo libro sin dejar de entrelazarlas, analizando los mismos hechos históricos que vivieron la mayoría de los hermanos desde su propia perspectiva y contexto, a lo que hay que añadir la singularidad de cada biografía. Esa comparativa —similitudes y diferencias— entre la vida de los hermanos, pero sobre todo, su papel en los planes del emperador y la relación con él, resulta ser uno de los logros del trabajo de Márquez de la Plata. Y es que los cinco, y particularmente las mujeres, fueron convenientemente utilizadas por el cabeza de linaje, a través de los enlaces matrimoniales que buscaban la presencia y el reforzamiento de los Habsburgo en una Europa exteriormente amenazada por los otomanos e internamente convulsionada por la irrupción del protestantismo.

La obra se compone de cinco capítulos dedicados a cada uno de los hermanos de Carlos I presentados en riguroso orden cronológico de nacimiento, si bien con prelación del único varón, Fernando (nacido en 1503), aun cuando era más joven que sus hermanas, la primogénita, Leonor (1498), e Isabel (1501), a las que les siguen María (1505) y Catalina (1507). De los seis hijos nacidos del matrimonio entre Juana y Felipe, cuatro lo hicieron en Bélgica y dos en España. Curiosamente los nacidos en Castilla —Fernando en Alcalá de Henares y Catalina en Torquemada— fallecerían fuera de ese reino, en Viena el primero y en Lisboa la segunda. Sin embargo, excepto Isabel, el resto, nacidos fuera de nuestras fronteras, encontrarían su final en España en Yuste, el emperador (nacido en 1500), en Cigales, Leonor, y en Talavera, María.

Sin duda, y como no puede ser de otra manera, es Fernando el que merece más atención por parte de la autora, como se comprueba en la extensión de su biografía que muestra esta bicefalia de los Habsburgo en sus dos ramas, española y germana. De las cuatro hermanas, utilizando términos muy coloquiales, y según se refleja también en la extensión de sus biografías, las dos mayores —Leonor e Isabel— responderían a un perfil más bajo que las dos pequeñas, esto es, María y Catalina, ambas muy destacadas como gobernadora de los Países Bajos, la primera, y como regente de Portugal, la segunda. Una diferencia notable entre ambas debe destacarse, María era un *alter ego* de su hermano Carlos, Catalina, por el contrario defendió los intereses de la Casa de Avís. Todas, menos Isabel, sobrevivieron a sus esposos. Leonor fue doblemente viuda, María lo fue muy joven, Catalina enviudó en edad madura. La autora señala, en una primera página como los seis hijos de Juana de Castilla y Felipe de Habsburgo fueron reyes (y emperadores) y reinas consortes. Todas fueron cultas y preparadas siguiendo unas directrices marcadas por su abuela materna que educó a sus hijas sin diferencia alguna con el único varón, Juan.

Márquez de la Plata dedica no poca atención a los primeros años de los niños nacidos del matrimonio de Juana y Felipe estableciendo una relación de la infancia con su vida y con sus hermanos. Sorprende la orfandad real, aun teniendo padres, salvo en el caso de los nacidos en España, esto es Fernando, cuya figura paterna estuvo sustituida por su abuelo materno y , Catalina, la hija póstuma del Felipe el Hermoso, que acompañó a su madre en el encierro de Tordesillas. Para los nacidos en los Países Bajos, aquella orfandad estuvo mitigada por esa gran figura que fue Margarita de Austria o de Saboya, esto es, la hermana de Felipe el Hermoso y tía carnal de los pequeños, viuda primero del príncipe Juan —hijo de los Reyes Católicos— y más adelante del duque Filiberto de Saboya. Una verdadera madre para sus sobrinos sin haber tenido hijos propios. Otra característica común de los hermanos de Carlos V fue su educación que incluía una cultura sin diferencia de sexo. Los preceptores de algunos de infantes serían de un nivel intelectual insuperable como Luis Vives o Adriano de Utrecht

Repasemos brevemente estas cinco biografías de estos hermanos:

Fernando I (1503-1564), Infante de España, emperador del Sacro Imperio, rey de Bohemia y Hungría por su matrimonio con Ana Jagellón que, tras el desastre de Mohács (1526), donde murió su hermano, se convirtió en heredera de aquellos reinos, es la biografía más extensa de la obra.

Cuando Fernando contaba un año de edad, falleció su abuela Isabel —que entre otras cosas le dejó una importante manda testamentaria— y su padre Felipe I —al que conoció cuando tenía tres años— poco después. A esas pérdidas debe añadirse la no presencia de su madre por sus problemas de salud mental. Sería Fernando el Católico, por el que llevaba su nombre, el encargado de paliar aquellas ausencias vitales y llegó a ser el favorito de buena parte de la nobleza frente a su hermano Carlos, con el que nunca se llevó bien.

Los dos asideros de Fernando fueron, pues, su abuelo y la pertenencia a la Casa de Habsburgo y solo al cumplirse los 500 años de su nacimiento dejó de pasar inadvertido en la historiografía española.

Expulsado de la Península tras la supresión de su casa en 1516 y su enfrentamiento con Cisneros, su vida estuvo llena de retos incluyendo adaptarse «a un proceso de germanización tan precario como el que había tenido su hermano Carlos de hispanización», en palabras de su biógrafo Alfredo Alvar El *Infans Hispaniae* lo lograría con mayúscula.

A Fernando le tocó enfrentarse con problemas de gran magnitud, ya fuera el otomano Solimán como los rebeldes luteranos. Y estuvo obligado a firmar paces y hacer concesiones para evitar males mayores. El distanciamiento entre los dos hermanos, también por el tema religioso, estuvo a punto de acabar en tragedia si no hubiera sido por su hermana María que logró un acuerdo para salvar el enfrentamiento de las dos ramas de Habsburgo ideando el sistema de sucesión de alternancia entre ambos hermanos y sus hijos. Cuando Carlos V murió fue sucedido por Fernando y, al abandonar Felipe II sus pretensiones imperiales, sería su hijo Maximiliano el que heredaría el título imperial. Fernando defendió el catolicismo y su dinastía como el mejor. La convocatoria de Trento, solicitada por él mismo, se demoró porque quería un concilio *exnovo*. Todo esto lo explica la autora con gran mérito y amenidad, dada la enorme cantidad de datos manejados en esta biografía tan prolija.

La segunda biografía corresponde a la primogénita de Felipe y Juana, la archiduquesa Leonor de Austria, reina consorte de Portugal y Francia, que tuvo un destino particularmente difícil por sus desgraciados matrimonios; en especial el segundo, contraído con Francisco I, un individuo ambicioso y cruel. Siempre a las órdenes de su hermano, su primer revés fue no poder contraer matrimonio con Felipe, hijo del conde palatino de Baviera. Rechazados otros pretendientes por intereses políticos, fue entregada al rey de Portugal, Manuel el Afortunado, que le llevaba treinta años y había estado casado con dos infantas españolas. No está contrastado pero, seguramente, pudo estar enamorada del hijo de su marido, el heredero, futuro Juan III, más adelante casado con su hermana Catalina. Ya viuda, Carlos la prometió al mayor de los enemigos de los Habsburgo, el rey de Francia al que esperaba doblegar. A pesar de su acogida en Paris, también por los miembros de la familia real francesa, el monarca, más interesado en su amante, Anna de Pisselue, futura duquesa de Étampes, la humilló y apenas tuvo contacto sexual con ella. Es posible que en ello influyera la enfermedad que había mermado la belleza y lozanía de Leonor: la elefantiasis. Aun así, la archiduquesa, fiel a su linaje, pero también a su matrimonio, intentó restablecer la paz entre su hermano y su marido, algo harto difícil entre Valois y Habsburgo ocupando, en las visitas del emperador, un lugar principal. En lecho de muerte Francisco I, consciente del maltrato del que había sido objeto su esposa, pidió a su hijo y heredero, Enrique, que la protegiera, algo que no solo no llevó a cabo, sino que, aprovechando una rebelión palaciega, apartó a Leonor de la corte con lo puesto. La reina consorte viuda se trasladó a Bruselas con su hermana María y, en 1556, ambas se trasladarían a España. Todavía le quedaba un dolor más a Leonor que antaño había sido obligada a dejar a su única hija, María, en Portugal. Esta, que sentía un gran rechazo por su madre, no quiso trasladarse a Guadalajara con ella perdiéndose así la última oportunidad de quedar en paz. El disgusto y un ataque de asma cuando volvía de la entrevista con su hija en Badajoz acabaron con su vida. Felipe II trasladaría sus restos a la necrópolis de El Escorial concediéndole todo el honor que solo su familia de sangre nunca le había negado.

Siempre a la sombra de marido y hermano, Leonor fue una fiel representante de los intereses de la dinastía. Su figura no ha sido tratada más que en dos biografías, una escrita en 1943 y la segunda de 1995, ambas por autores extranjeros.

La tercergénita de Juana y Felipe, y segunda de las hijas, Isabel (1501-1526), que recibió el nombre en honor de su abuela, la Reina Católica, fue educada, como todos los hermanos nacidos fuera de España, por su tía Margarita de Saboya, la *bonne tante* a la que se refiere M. de la Plata a lo largo de su libro y a la que hemos hecho referencia en líneas precedentes. Casada con el cruel e irascible Christian II de Dinamarca en 1515, pasó todo tipo de vicisitudes a causa de un marido infiel, como en el caso de su hermana Leonor. También, como en el caso de Francisco I, el rey se ocupaba más de su amante, Dyvike Willums, que de su esposa... hasta que esta murió en misteriosas circunstancias, probablemente envenenada por orden del emperador Maximiliano, abuelo paterno de la infanta. A partir de ese momento, el matrimonio se encontró y llegaron los hijos. Isabel dio a luz a seis hijos de los que solo sobrevivirían dos, las princesas Cristina y Dorotea. Los problemas internos, que solían acabar en baños de sangre, desplazaron al iracundo Christian del trono siendo sustituido por su tío Federico. Isabel lo siguió en su exilio mostrando la mayor lealtad y buscando apoyo entre sus parientes, particularmente sus hermanos, sin éxito. Su corte instalada, en los Países Bajos, las estrecheces económicas y los disgustos acumulados acabaron por afectar la salud de la archiduquesa que falleció con veinticinco años. Es la que menos bibliografía tiene en su haber, la más discreta y la que ha pasado más desapercibida.

La tercera biografiada, María de Hungría (1505-1558), fue reina de Bohemia y de Hungría, gracias a la doble boda celebrada entre Habsburgo y Jagellones. Como hemos referido, su hermano Fernando se casó con Ana Jagellón con la que tuvo quince hijos. Ana era hermana de Luis II, que, a su vez se casó con María. Con él vivió un matrimonio feliz pero corto y sin descendencia. Aquella felicidad se vio truncada cuando Solimán el Magnífico atacó Hungría y, a pesar del apoyo de sus dos hermanos, Carlos y Fernando, la coalición que apoyaba al ejército húngaro fue aplastada en Mohács en 1526, falleciendo Luis II con solo veinte años y dejando a María viuda con veintiuno.

Esto no impidió que, junto con Catalina, fuera la más destacada y quizás la más inteligente de las cuatro hermanas archiduquesas de Austria. Al quedar vacante el gobierno de los Países Bajos tras la muerte de su tía Margarita, Carlos le ofreció ocupar su lugar a María, con la condición única de que prescindiera de algunos servidores que simpatizaban con la reforma luterana. Y es que Lutero le había dedicado a la joven viuda su *Comentario de Cuatro Salmos*, lo que hizo saltar las alarmas. Cumplido dicho requisito María comenzó a gobernar los Países Bajos con gran visión política y energía, algo que no impidió un episodio de estrés y ansiedad, que le provocó una depresión curada solo con amor. El emperador no dudó en mandarle emisarios con cartas llenas de cariño y María retomó con ilusión su tarea, convirtiéndose en consejera insustituible de su hermano y solucionando uno de los problemas más espinosos que se le presentaron. Nos volvemos a referir a la cuestión sucesoria en el título imperial cuya solución impidió la ruina de la dinastía, dado que Carlos y Fernando estuvieron a punto de romper la unión. Ella fue el artífice de mantener vivo el vínculo entre sus hermanos varones.

Sus últimos años siguieron determinados por su hermano Carlos. Estuvo presente su abdicación y lo siguió a España, donde nunca había estado. Reunida con su hermana Leonor, la muerte de esta en febrero de 1558 y de Carlos siete meses después la sumió en una absoluta tristeza que influyó en su salud de manera irreversible. Era la hermana más unida al emperador y Felipe II la presionó para que volviera a ejercer de gobernadora y, de paso, ocupara su mente torturada. María aceptó, pero no pudo más. Apenas unas semanas después de Carlos, ella fallecía el 18 de octubre, en Cigales.

Culta, bibliófila y coleccionista, encargó algunos retratos como el famoso de *Carlos V a caballo en Mühlberg*, de Tiziano. La bibliografía de esta archiduquesa ha sido objeto de interés por parte del historiador de su madre Juana, Manuel Fernández Álvarez, y también de algún autor fuera de nuestras fronteras.

La última archiduquesa, sexta hija, y también póstuma, fue Catalina, nacida en Torquemada. Una personalidad extraordinaria habida cuenta de sus primeros años de vida, aislada de sus hermanos y separada de su único hermano nacido, como ella, en España, esto es Fernando. Recluida con su madre durante dieciocho años en el palacio de Tordesillas y en condiciones penosas gracias a sus carceleros, los marqueses de Denia, Catalina hace bueno el dicho de que lo que no mata hace más fuerte. Como sus hermanas, fue una mujer cultivada y quizás fue la más intelectual de las cuatro. Su primera educación la recibió de su madre, Juana, que consiguió que dominara idiomas como el latín y el griego, y que también fuera una instrumentista y una danzarina notable.

Si María fue la política, Isabel la sumisa y Leonor la utilizada, Catalina (1507-1578) sería la más completa de las cuatro, algo que también le proporcionó su longevidad para la época. Leonor y María no llegaron a los sesenta años mientras que ella rebasaría los setenta y uno.

Colocada estratégicamente en el trono portugués, lo que beneficiaba los intereses de los Habsburgo, su matrimonio también fue doble, como en el caso Jagellón, en este caso portugués, ella con Juan III y Carlos V con Isabel, la hermana de aquel. Ambos monarcas confiarían en las mujeres de sus familias para el gobierno del reino ya que Isabel fue gobernadora de Castilla en las ausencias imperiales y Catalina gozó de mucho poder dentro de la corte, tanto casada como viuda. Se matrimonió en el 1524, con dieciocho años, enviudó con cincuenta años, y fue regente hasta el 1562. De entre sus nueve hijos, solo la sobrevivirían dos: su hija María Manuela que fue la primera mujer de Felipe II y madre del desdichado príncipe Carlos; y el heredero, Juan, casado con Juana hermana del Rey Prudente.

La muerte de sus hijos convirtió al matrimonio en personas aún más religiosas y muy piadosas si bien parece que contribuyó a entristecerlos y, en el caso de Catalina, a amargarle el carácter. Arisca y misógina nos dice M. de la Plata que se convirtió aquella mujer, que de niña ya conoció el cautiverio de Tordesillas. La autora también aporta algún dato poco conocido de aquella estancia como su relación con el futuro santo, Ignacio de Loyola —que pudo estar enamorado de la entonces infanta— así como Francisco de Borja.

La archiduquesa fue la más valiente de las hermanas con respecto a los planes de Carlos. No siguió a ciegas la política fraterna y, quizás por ser reina, siempre apoyó los proyectos del trono portugués sin dejar de ser leal a su dinastía, la Habsburgo. La vida no le ahorró ni disputas internas ni externas, estas últimas en los territorios ultramarinos africanos.

Su importancia se comprueba en la historiografía puesto que tiene en su haber varios trabajos exclusivos y notables, si bien la historiografía portuguesa la ha presentado como una infanta española defendiendo los intereses castellanos en la corte de los Avis, algo que solo es una opinión no contrastada con las fuentes. Al no sobrevivirla ninguno de sus hijos, su nieto Sebastián heredaría el trono, proporcionando a su abuela no pocas preocupaciones. Muerto en la batalla de Alcazarquivir con veinticuatro años y sin herederos, se produjo la crisis sucesoria que aprovecharía Felipe II, en 1580, para anexionarse Portugal, algo que fue reprochado a Catalina sin ninguna evidencia.

Más allá de la política, Catalina dejó su huella en el apoyo a conventos y monasterios, y en dimensiones culturales varias. Desempeñó un importante patronazgo artístico, tuvo un zoológico (*menagerie*) y formó el primer gabinete de curiosidades (*Kunstkammer)* del Portugal renacentista, aprovechando la gran expansión portuguesa por varios continentes. Los animales exóticos importados de los territorios ultramarinos fueron regalados a parientes y mandatarios. No menos importante fue la colección de tapices (caso de la serie de Las Esferas), hoy en las colecciones del patrimonio nacional español.

La importancia de Catalina en la historia queda demostrada en la bibliografía más amplia de los hermanos de Carlos V, exceptuando, quizás, al emperador Fernando, como se comprueba en los notables ensayos de Anne Marie Jordan Gschwend.

En definitiva, un libro que merece la pena leer, bien documentado y con una bibliografía actualizada, que entretiene y aprende pero, sobre todo, aporta un enfoque inusual al presentar a todos los hermanos de gran Carlos V, sin los cuales el emperador no hubiera podido llevar a cabo sus planes. Fernando y sus hermanas también fueron los artífices de los triunfos de la monarquía española y su presencia soberana en el mundo conocido del convulso siglo XVI.

Dolores Carmen Morales Muñiz

Historiadora

LOS HIJOS DE FELIPE EL HERMOSO Y JUANA LA LOCA

El primogénito:

Carlos (1500-1558), rey de España (1516-1556) y de Nápoles (1516-1554), emperador del Sacro Imperio (1519-1558). Casó con Isabel de Portugal.

Hermanos de Carlos V:

Leonor (1498-1558), archiduquesa de Austria. Casó con el rey Manuel I de Portugal y con Francisco I de Francia.

Isabel (1501-1526), archiduquesa de Austria. Casó con Christian II de Dinamarca

Fernando (1503-1564), archiduque de Austria, rey de Bohemia (1526-1564), rey de Hungría (1526-1538, 1540-1564), emperador del Sacro Imperio (1558-1564). Casó con Ana Jagellón de Hungría y Bohemia.

María (1505-1558), archiduquesa de Austria. Casada con Luis II Jagellón, rey de Hungría, Bohemia y Croacia.

Catalina (1507-1578), archiduquesa de Austria. Casó con el rey Juan III de Portugal.

Tanto Carlos como sus cinco hermanos fueron reyes:

1 - Carlos, rey de España y sus tierras de ultramar y emperador de Alemania. Fue en su tiempo el hombre más poderoso de la tierra.

2 - Su hermana Leonor, fue reina de Portugal y más tarde de Francia.

3 - Isabel fue reina de Dinamarca, Noruega y Suecia.

4 - Fernando, archiduque de Austria, rey de Hungría y Bohemia, sucedió a su hermano como emperador del Sacro Imperio.

5 - María fue reina de Hungría y Bohemia.

6 - Catalina fue reina de Portugal.

Excepto a la de Carlos, estudiada ya en muchos tratados y manuales, pasaremos revista a sus vidas y como estas influyeron en la historia de Europa.

FERNANDO I (1503-1564).
INFANTE DE ESPAÑA Y ARCHIDUQUE.
REY DE BOHEMIA Y HUNGRÍA POR SU MATRIMONIO CON ANA JAGELLÓN.
EMPERADOR DEL SACRO IMPERIO

Fiat iustitia et pereat mundus

Aunque no fue don Fernando el primer hijo nacido tras Carlos, comenzaremos con él el estudio de los hermanos de Carlos. Fernando en puridad era el hermano «intermedio», pues antes que él, nacieron Carlos, Leonor e Isabel, y después de su nacimiento llegaron María y Catalina. El resto de los hermanos serán tratados en orden de nacimiento. Dado la importancia que tenía en esos siglos el hecho de ser varón, su género ya le garantizaba un estatus superior al de sus hermanas. Pasamos pues a estudiar sus hechos y su relación con Carlos.

FERNANDO (1503-1564). REY DE BOHEMIA Y HUNGRÍA. EMPERADOR DEL SACRO IMPERIO

Sus primeros años. Su educación

Al segundo de los hijos varones, y cuarto de los nacidos de doña Juana, se le puso por nombre Fernando. Bien sabemos que las muertes consecutivas de todos los posibles herederos a la Corona de España y de sus posesiones de ultramar dejaron a los archiduques como los herederos más propincuos a todas esas tierras y reinos. A la llamada de los Reyes Católicos, finalmente, y tras retrasos varios, los herederos, doña Juana y don Felipe viajaron a España para ser jurados como tales legales herederos ante las Cortes, de tal modo que cuando llegase el hecho sucesorio no hubiese dificultades para entrar en posesión de tan fastuosa herencia.

Sucedió que al poco de ser jurado sucesor en la Corona de Castilla y demás posesiones el archiduque, conocido como el Hermoso, decidió volver a su tierra dejando en España a Juana en avanzado estado de gestación, por lo que no se hallaba junto a ella cuando Fernando de Austria llegó al mundo en Alcalá de Henares.

Tras el nacimiento del nuevo vástago, doña Isabel intentó convencer a su hija de que no regresase a tierras del norte junto a su marido, esto sumió a Juana en una gran tristeza combinada con ráfagas de ira y con ello el desequilibrio de la heredera de la Corona empezó a hacerse cada vez más patente a los ojos de su madre la Reina Católica.

Los enfrentamientos entre madre e hija llegaron a extremos que quebrantaron seriamente la salud de la reina Isabel, que finalmente hubo de ceder ante la insistencia de Juana, pero los desacuerdos habían sido tan duros e insoportables para la reina de Castilla que al año siguiente doña Isabel, minada por la enfermedad, las sucesivas desgracias y contrariedades, falleció.

Cuando Juana se alejó hacia el norte en busca de su esposo, dejó a su hijo en España. En un primer momento, fue la reina Isabel, abuela del recién nacido, la que se encargó del infante; desgraciadamente poco vivió la reina para poder ser de alguna influencia en la vida de su nieto. Tras una primera estancia en Segovia, el niño, con sus nodrizas y toda su Casa, fue trasladado a Arévalo. Las muy necesarias amas de crianza estaban bajo las órdenes y supervisión de doña Isabel de Carvajal. El que había sido médico de doña Juana se encargó de la salud del niño: era este don Juan de la Parra, que lo cuidó bien y fielmente, mientras que el gobierno de la Casa del Infante era responsabilidad de don Diego Ramírez de Guzmán, obispo titular de Catania.

A la muerte de la reina doña Isabel, el obispo fue sustituido por su hermano, don Pero Núñez de Guzmán, clavero de Calatrava quien era también ayo del infante y a quien acompañaba —¡cómo no! — otro de los Guzmanes; hermano del anterior, el también obispo, Álvarez Osorio quien habría de ser maestro y capellán mayor... cuando en el futuro el niño lo necesitase. Nombramos solo a los más importantes servidores, a los que tuvieron gran influencia en la vida del infante, pues la Casa del Infante contaba con más de noventa personas a su servicio para su atención y ceremonial, pero ninguno de ellos tenía la importancia de los Guzmanes los cuales, en términos generales fueron fieles al infante, a sus intereses y, por qué no decirlo, también a los suyos propios si se presentaba la ocasión.

Al niño nacido el 10 de marzo del año de 1503 en el palacio arzobispal de Alcalá de Henares, se le puso de nombre Fernando (luego Fernando I del Sacro Imperio) en honor a su abuelo, el Rey Católico, y fuese por esta o por alguna otra razón, fue siempre el nieto favorito de Fernando de Aragón. Este se preocupó de su educación, que fue totalmente a la española. En todo caso, recibió la influencia española desde sus primeros momentos, ya que sus amas de cría, quienes lo amamantaron, fueron Catalina de Hermosilla y Francisca de Orozco y estas lo atendieron y alimentaron como madres sustitutas hasta que pudo recibir otros alimentos.

De niño, Fernando, según atestigua fray Prudencio de Sandoval en su libro *Historia de la Vida y Hechos del Emperador Carlos V*: «... era de linda y graciosa disposición, su cuerpo derecho y bien sacado, los cabellos rubios, muchos y muy bien dispuestos, la boca grosezuela, el semblante agradable... Según otros era niño ingenioso, agudo, muy sufrido, amigo de la caza, gustaba de los trabajos manuales, valiente... en todo: el gesto y el andar era el retrato de su abuelo don Fernando, que por eso lo amó tanto...».

Fray Álvarez de Osorio nos dice: «Parecía en todas cosas así en la condición, en el gesto y como en el andar y en todas las otras cosas al rey don Fernando su abuelo. Era naturalmente inclinado a cosas de artificio como de pintar y esculpir y sobre todo a fundir cosas de metal y a hacer tiros de pólvora y tirar con ellos. Holgaba de oír crónicas y cuentos y de todo se acordaba (...) decía algunos dichos así siendo niño de cinco hasta nueve o diez años tan agudos, tan discretos que todos se maravillaban».

De su abuelo aprendió a amar el aire libre, el ejercicio y el deporte de la caza; su primer idioma, materno en este caso, fue siempre el español, a diferencia de Carlos que no conocía el idioma cuando se presentó a reclamar su herencia como rey de España y de sus dominios.

El latinista Lucio Marineo Sículo, profesor de la Universidad de Salamanca durante doce años, había sido llamado a la corte de los Reyes Católicos en 1497 como preceptor y maestro de los hijos de los reyes y de los jóvenes de la corte, tales como los de la familia Guzmán,

Vázquez de Arévalo y otros, no es pues demasiado aventurado pensar que se aprovecharía la estancia del humanista también como preceptor y maestro de nuestro don Fernando. Otro maestro de los jóvenes nobles era Pedro Mártir de Anglería a quien también favorecieron los reyes, la reina Isabel le encomendó la educación de su sobrino, Juan de Portugal, duque de Braganza, a quien Pedro Mártir educó en las ciencias del humanismo y «en latines»; también fueron alumnos suyos Pedro Girón, Conde Cabra; Luis Hurtado de Mendoza; y, sin que hayamos hallado documentos que lo afirmen taxativamente, suponemos que tan importante alumno no sería privado de las enseñanzas que se impartían a otros nobles de menos categoría que el nieto de los reyes. En cuanto a la gramática, sí sabemos seguro que en todos los casos se usó siempre la de Nebrija, tanto para los infantes como para los nobles educados a la sombra de la corte.

Como quiera que sea, además del español y el latín, el infante hablaba otros cinco idiomas, señal segura de su aplicación en los estudios. Sabemos también que acudió a la Universidad de Alcalá, aunque no podemos decir por cuanto tiempo.

A su padre, Felipe el Hermoso, apenas lo conoció fugazmente cuando tenía tres años, esta relación no pudo continuar porque el archiduque falleció poco después.

Como ya adelantamos, fue ayo del niño Fernando don Pero Núñez de Guzmán, clavero de Calatrava, hijo de Gonzalo de Guzmán y María de Ossorio; este ayo, y sobre todo su familia, tuvieron gran influencia en sucesos futuros, como el levantamiento de los comuneros pues según, el Capellán de Carlos V, fray Bartolomé de las Casas, «los primeros promotores de las acciones de los Comunes (comuneros) fueron los componentes de la camarilla fernandista de los Núñez de Guzmán, que habían sabido conservar la custodia del tierno infante don Fernando a la muerte de Felipe I frente a las maniobras de don Juan Manuel, y que, decepcionados por haber revocado don Fernando en Madrigalejos su testamento de Burgos…». Por este testamento (1512), establecía el rey don Fernando de Aragón que su nieto Fernando, o sea, en definitiva, los Núñez de Guzmán en su minoridad quedarían encargados del gobierno de Castilla hasta la llegada de Carlos a la Península, testamento que más tarde fue revocado pero que en su momento causó sensación.

Habla el padre de las Casas de «fernandistas» y es que, a la muerte de la reina Isabel la Católica, se formaron alrededor del joven infante dos corrientes o grupos: los «fernandistas» que apostaban por el gobierno del rey Fernando y el de los «flamencos» o «felipistas», que apoyaban el gobierno de Felipe el Hermoso. El pequeño príncipe, hijo de Felipe el Hermoso, era una especie de prenda o aval que ambas facciones ambicionaban tener bajo su poder. Cuando agonizaba el archiduque don Felipe, el pequeño, que todavía no había cumplido tres años, podía suponer una baza importante para los castellanos fernandinos, ante una reina viuda, doña Juana, futura tutora de la que se sabía que estaba algo enajenada. Por su parte, un grupo de los partidarios de Felipe, comandados por don Diego de Guevara y don Felipe Daula, se presentaron en Simancas, donde se hallaba el real niño, con la intención de hacerse con el dominio del infante don Fernando, si fuera posible por las buenas o, si no, por las malas. Gracias a los caballeros de Simancas y a las acciones del ayo, don Pero Núñez de Guzmán, que envió a por auxilio a la Chancillería mientras entretenía a los caballeros «felipistas», se salvó el príncipe de ser tomado como rehén por los flamencos.

Antes de seguir adelante, diremos que el papel de ayo de los príncipes era de la mayor importancia. En principio, el ayo les enseñaba modos y modales, comportarse correctamente, vestir bien, ser limpios en la mesa y en todo lugar; luego, cuando ya podían hacerlo, les enseñaba a rezar; más tarde, como a los seis años, se empezaba con el uso de las armas, equitación y, lo que es más trascendente: como ser en todo un buen caballero.

Juan del Encina define estas enseñanzas como:

Una escuela ecelente
De criança y cortesía
Y es un bivir diligente
Y un saber que al más prudente
Da mayor sabiduría.

Por su parte, Pedro Gratia Dei, refiriéndose al comportamiento de los jóvenes y las enseñanzas que recibían en la corte de los Reyes Católicos… «los pajes aprendían a leer, escriuir, tañer y cantar, danzar, luchar, esgrimir, arco y ballesta, llatinar y dezir, xedrez y pelota saber bien jugar…», y terminaba diciendo: «… y todas esas cosas que a la juventud conviene».

De todo esto, y más, era responsable el ayo, y, si no por sí mismo, sí de buscar el mejor maestro que instruyese al joven noble en todas estas materias. Naturalmente la continua convivencia durante años, las enseñanzas, ejemplo y consejos del ayo, formaban al niño, que al convertirse en hombre solía tener en gran aprecio las recomendaciones, ya no tan necesarias, del antiguo ayo. De hecho, era normal que el ayo de ayer tuviese un gran ascendiente sobre su antiguo pupilo. Por esta razón, y cara al futuro, no es de extrañar que fuese un puesto ambicionado y que el ayo hiciese enemigos en la corte por su cargo e influencia.

Para salvaguardar al joven Fernando contra cualquier otro intento por parte de don Diego de Guevara, que había sido jefe de la Casa de doña Juana, un primo de doña María de Ossorio, don Álvaro de Ossorio, luego obispo de Astorga, confió la custodia del joven al colegio de la Orden de Predicadores (dominicos) de San Gregorio en Valladolid. A este mismo don Álvaro de Ossorio, fray Bartolomé de las Casas llama «malintencionadísimo y listísimo obispo de Astorga, y le acusa de mover los ánimos de todos los malavenidos con el gobierno del rey (se refiere a Carlos V) y su Regente esparciendo especies escandalosas y bulliciosas cuyo desemboque final era el grito de "Viva el Infante don Fernando, el otro quédese allá"». Como quiera que sea, queremos resaltar que, en todo momento, el infante don Fernando estuvo rodeado de españoles (los había a favor y en contra, pero todos españoles) pues no solo su confesor y capellán, Álvarez de Ossorio, lo era sino también toda su casa, sus acompañantes, sus pajes —que eran de la familia Guzmán, Álvarez de Ossorio y Velázquez de Arévalo— y también eran españoles los oficiales y criados de su corte, tanto afecto sentía el joven por todos estos personajes que inclusive cuando hubo de ir a Austria, en 1521, se llevó a muchos de ellos y algunos se quedaron para con él siempre como su fiel Martín de Guzmán[1].

En resumen: Fernando fue un infante nacido en España, educado en España, hablaba español y pensaba como tal, españoles fueron sus educadores, sus ayas y nodrizas, sus servidores, amigos y también enemigos. Su abuelo Fernando lo amaba en extremo y se decía que se parecía mucho a él. Políticamente tenía muchos seguidores y en general la gente le hubiese preferido a Carlos como rey de España y de sus posesiones. Precisamente por eso su hermano hubo de enviarlo a una especie de exilio como pronto veremos.

La llegada de Carlos a España. El matrimonio de don Fernando

Hasta los quince años, el joven Fernando estuvo relegado en cuanto a su designación en el puesto que habría de corresponderle, pues era difícil encajarlo en el rompecabezas europeo, su linaje lo hacía merecedor

---

1. Martín de Guzmán fue su camarero mayor, hombre de toda confianza toda vez que para nombrarlo había de cumplir estrictos requisitos, estos están regulados en el título IX de la segunda de las Partidas donde aparecen enumerados los requisitos para poder acceder al cargo de mayordomo mayor del rey y sus funciones: "Ser de buen linaje», pues ello, según la mentalidad de la época, lo impulsaría a obrar el bien. El mayordomo debía «ser conocedor de las rentas y derechos del rey», para poder administrar y aumentar las rentas. El mayordomo debía saber llevar la contaduría de la casa real, para poder luego informar al rey sobre el estado de las cuentas. «Ser leal al rey», para ganarle la amistad de sus súbditos, ya que todo lo concerniente a la casa real entraba dentro de su jurisdicción.

de alto destino, pero al tiempo no debía hacer sombra a su hermano Carlos. En palabras del historiador Karl Friedrich Rudolf[2]: «... Como Carlos retrasaba su llegada, los partidarios de Fernando cobraron ánimos y aumentaron notablemente».

«Al núcleo primitivo se unieron los descontentos de toda clase, decepcionados por Cisneros o por la Corte de Bruselas, así como todos aquellos que se sentían inquietos ante la próxima perspectiva de ver el reino entregado a un soberano extranjero, rodeado de cortesanos borgoñones y flamencos. En 1516-1517, la popularidad y el prestigio del infante no dejaron de crecer. Una parte de la nobleza vacilaba y parecía dispuesta a entrar en sus filas. A pesar de estar estrechamente vigilado, Fernando no dejaba de representar un peligro...».

A la llegada de Carlos I a España (septiembre 1517), los consejeros y mentores del nuevo soberano pronto se dieron cuenta de que el joven Fernando tenía muchos partidarios, más, quizás, a su entender, que el mismo Carlos, por lo que aconsejaron a este que lo alejara del lugar cuanto antes, para evitar, según decían, un levantamiento dinástico, así que Carlos decidió alejar a su hermano para evitar posibles complicaciones.

Para soslayar cualquier dificultad, el joven Fernando hubo de alejarse de España, el 20 de abril de 1518, día en que la corte partía hacia Aragón y según reseña Fray Bartolomé de las Casas: «... primera hora de la tarde, el propio Carlos acompañó a su hermano Fernando, que lloroso acababa de despedirse de su hermana Leonor y de su servidumbre, hasta una encrucijada a media legua de Aranda de donde arrancaba el camino hacia Santander de donde partió hacia Flandes como Duque de Austria, Brabante y Tirol pero dejando para siempre de ser el temido posible sucesor español».

---

2. Karl Friedrich Rudolf estudió Historia y Germanística en la Universidad de Salzburgo. Es doctor en Historia. Funcionario especialista del Ministerio Federal de Ciencia e Investigación, adscrito al Instituto Austriaco de Cultura en Roma; funcionario especialista del Instituto Histórico Austriaco de Roma y director de la Sección Madrid del Instituto Histórico Austriaco de Roma.

Con menos detalle, nos describe el bufón de Carlos V, don Francesillo de Zúñiga, la salida del príncipe; «el Rey partió de Valladolid para Aranda de Duero, y de allí envió al Serenísimo Señor Infante a Alemania, y le dio los ducados de Austria, Brabante y Tirol…». Algunos personajes de la corte lo siguieron en este disimulado exilio: Cuéllar, Salinas, Tovar, Meneses y sobre todo Fernando de Salamanca, hombre temido, odiado y respetado, que a la larga llegó a conde de Ortenburg, jefe de la Cancillería Áulica y tesorero general.

El adiós a la Península no fue absoluto porque nunca, hasta el día de su muerte, el infante don Fernando se olvidó de sus raíces, como ejemplo diremos que en su corte se habló siempre español. Lo que sí es cierto es que desde el momento de aquella partida el destino de cada uno de los dos hermanos se desarrolló en puntos opuestos de Europa.

Durante un tiempo (desde el 20 de abril de 1518 hasta la muerte de su abuelo el emperador Maximiliano acaecida en 1519), el joven Fernando estuvo relegado políticamente, alejado de la corte de España y sin futuro definido. Al fallecimiento del emperador Maximiliano, Carlos I, en 1520, otorga a su hermano el título de archiduque de Austria y al año siguiente, 1521, le entregó la herencia austriaca de los Habsburgo: la Alta y Baja Austria, Estiria, Carintia y Carniola; en 1522 Fernando se vio favorecido con el Tirol, la Alta Alsacia y el ducado de Wurtemberg. Una manda fastuosa.

En 1521, cumplía Fernando dieciocho años, edad apropiada para pensar en el matrimonio. Si bien se había educado en España a la sombra y bajo la atenta mirada de su abuelo materno el Rey Católico, su abuelo paterno, el emperador Maximiliano, no lo había olvidado y había planeado para él un enlace adecuado a su estirpe, un vínculo con la Casa de los Jagellón por medio del matrimonio de Fernando con Ana de Bohemia y Hungría, hija esta de Vladislao II de Bohemia y Hungría y de su esposa Ana de Foix-Candale.

La novia había nacido en 1503 y por tanto tenía la misma edad que el pretendiente. A la muy temprana edad de ambos, el 19 de julio de

1505 cuando los niños apenas tenían dos años, ya habían comenzado las negociaciones matrimoniales con el emperador Maximiliano de Habsburgo para casar a Ana con uno de los nietos del emperador: el elegido era don Fernando, hermano de Carlos.

Aunque ambas casas reinantes estaban de acuerdo, este contrato matrimonial no satisfizo completamente a la nobleza húngara pues veían que en el caso, tal vez improbable pero posible al fin, de que no naciese un varón en la Corona húngara (que no lo había aún) o de que el heredero al trono húngaro falleciese sin sucesión, en ese caso el trono podría pasar a manos del siguiente heredero más propincuo: su hermana, Ana y si esta —como se proyectaba— estaba casada con un miembro de la poderosa familia Habsburgo, Hungría se vería subsumida en la herencia europea de los Habsburgo, lo que en cierto modo significaba, si no la desaparición, si al menos el oscurecimiento del reino de Hungría. Para soslayar esta posibilidad los aristócratas húngaros se reunieron en el lugar de Rákos, en octubre de ese mismo año, y determinaron que, en caso de morir el rey sin herederos varones, el trono húngaro no sería heredado por los Habsburgo a través del matrimonio con la princesa Ana. Había suficientes pretendientes al trono húngaro entre los nobles de aquellas tierras.

Pero sucedió que tres años más tarde, en marzo de 1506, Vladislao II, por medio de sus emisarios, firmó un tratado con Maximiliano que invalidaba las decisiones de la nobleza húngara y formalizaba el matrimonio de Ana y Fernando, y establecía que de nacer un hijo varón (como se esperaba, pues en ese momento la reina consorte Ana de Foix-Candale estaba embarazada), este hijo se casaría con María de Habsburgo (hermana de Fernando dos años menor que él). A los pocos meses nació el que será posteriormente Luis II de Hungría y ya con un heredero al trono húngaro el compromiso de matrimonio de Ana Jagellón con Fernando de Habsburgo se confirmó.

Desgraciadamente, doña Ana de Foix-Candale, madre de los dos príncipes húngaros, murió en el parto el 26 de julio de 1506, dejando huérfanos tanto a Ana como a Luis de Hungría y Bohemia. En todo caso, la proyectada boda siguió su curso y en noviembre de 1507 se firmó el pacto definitivo de los dos matrimonios y, desde entonces, ambos príncipes húngaros mantuvieron cortes separadas, compuestas por nodrizas y demás sirvientes reales que en su tiempo habían sido parte de la corte de su fallecida madre. El 19 de julio de 1515 se llevó a cabo el encuentro en Viena de las Casas Habsburgo y Jagellón, real encuentro al que asistieron los reyes Segismundo I de Polonia, Vladislao II de Hungría y Maximiliano I del Sacro Imperio. A los pocos meses, falleció Vladislao II y su hijo, que aún no tenía diez años, fue entronizado como rey: Luis II de Hungría, quien previsoramente ya había sido coronado en su infancia para asegurar su sucesión tras la muerte del rey.

Para prepararlo para el cumplimiento del compromiso matrimonial con la Casa de Habsburgo, en 1517, la princesa Ana Jagellón fue llevada al Tirol, en donde convivió con su cuñada María de Habsburgo hasta su matrimonio en 1521. Por medio de esta unión matrimonial entre Fernando y Ana, finalmente Hungría y Bohemia quedaron bajo el dominio de los Habsburgo, ya que el hermano de Ana, el rey Luis II Jagellón, como veremos, falleció sin descendencia en la batalla de Mohács en 1526 y de este modo quedó ella como única descendiente en la línea de sucesión de los Jagellones.

Desafortunadamente, la reina de Hungría y Bohemia, Ana Jagellón, nunca llegó a ser proclamada emperatriz pues murió a la temprana edad de cuarenta y dos años, no sin haber dado quince hijos a su marido y al trono, falleció a los tres días de nacer su hija Juana, debido seguramente a fiebre puerperal, algo muy parecido a lo que le había sucedido a su madre, Ana de Foix-Candale. En todo caso, el trono húngaro y el de Bohemia pasaban (como habían temido los nobles húngaros) a los descendientes de doña Ana, es decir, a manos de su esposo, don Fernando de Habsburgo. En todo caso, don Fernando fue elegido como rey de los bohemios en 1527. En Hungría, las cosas no fueron tan fáciles, hubo dos candidatos al trono, don Fernando y el noble local, el conde don Juan Szapolyai; ambos llegaron a ser coronados por sus respectivos parciales lo que desembocó en un conflicto abierto lo fue aprovechado por los otomanos para su muy posible expansión en Europa.

Dificultades para asegurar el trono de Hungría. El amo de la Sublime Puerta

Al mismo tiempo que la Casa de Habsburgo triunfaba y se ramificaba en Europa, en Oriente Próximo, los otomanos encontraron su adalid en el Gran Pachá, el amo y señor de la Sublime Puerta, Solimán, apodado el Magnífico. El sultán empezó a presionar en las fronteras con la intención de asegurarse una porción de Europa, porción que deseaba cuanto más grande mejor. El gran sultán del Imperio otomano inició una ofensiva en dos frentes: los Balcanes y el Mediterráneo. En 1521, saqueó la ciudad de Belgrado y continuó su avance hacia Hungría. Enfrentados en la batalla de Mohács (29 de agosto de 1526), Solimán venció a las fuerzas de Luis II, quien pereció en la batalla junto con lo más granado de la nobleza de su reino.

Fue así como los territorios que señoreaban los Jagellones llegaron a manos de Fernando de Habsburgo. Tras la desastrosa muerte de su rey, varios nobles húngaros se declararon fieles a Fernando, Tomás Nádasdy, miembro destacado de la nobleza, consiguió el apoyo de otros nobles: Pedro Perényi, guardia de la Corona real, y Valentín Török de Enying (quien, en la década de 1530, cambiaría su lealtad al partido de Juan I de Hungría, recibiendo como recompensa el título de conde). Fue Tomás Nádasdy quien obtuvo para Fernando las joyas de la Corona real húngara.

Sin embargo, no le faltaron al de Habsburgo rebeldes a su causa, ya señalamos que Juan Szapolyai (voivoda[3] de Transilvania) se había declarado candidato al trono y por ello lo disputó a don Fernando por las armas. En mayo de 1527, el rey hubo de iniciar una campaña militar contra Szapolyai, Juan I, conducida esta vez por Tomás Nádasdy quien ocupó varios territorios húngaros dirigiéndose a la capital Buda. Juan Szapolyai (Juan I) abandonó la ciudad el 15 de agosto de 1527, antes de que esta fuese asediada, y retrocedió hasta Tokaj en donde un par de miles de lansquenetes de las fuerzas del emperador Carlos le dieron alcance y lo derrotaron. Tras esto, Szapolyai escapó a sus dominios en Transilvania, pero no cesó en su intento de perseguir el trono y viéndose sin suficientes fuerzas y sin apoyo entre los suyos, acudió a ofrecerse a Francisco I de Francia, al rey de Polonia, al papa y a muchos otros para que lo ayudaran a recuperar lo que él decía ser su reino, pero todos ellos rehusaron embarcarse en tal aventura y se negaron a ayudar a Szapolyai, finalmente este acudió ante el sultán turco Solimán y firmó un tratado con él en enero de 1528. Como resultado obtuvo que el amo de la Sublime Puerta lo reconociese como rey de Hungría, en realidad un rey títere del turco. En la práctica, Hungría quedaba dividida en dos.

No podemos seguir adelante sin hablar, aunque sea someramente, de uno de los más importantes personajes de este siglo: el sultán turco Solimán, hijo de Selim I, cuyo peso en la política europea fue decisivo entre 1520 y 1566. Aunque el sultán estuvo siempre dispuesto a solucionar los conflictos por la fuerza hay que reconocer que fue un soberano excepcionalmente dotado para la cultura y la diplomacia. Debido a su poder era asimismo arrogante aunque no brutal como lo habían sido sus antepasados o, al menos, no tan brutal como ellos. La intención del sultán durante todo su reinado fue asegurar el porvenir de su pueblo y

---

3. Voivoda: término de origen eslavo con el que se designaba al gobernador de una provincia, aunque, en origen, se refería al comandante principal de una fuerza militar. El territorio bajo su administración o gobierno se conoce como *voivodato*.

para ello escogió tres zonas de expansión: el Danubio, Asia Anterior y el Mediterráneo. Es en la cuenca del Danubio en donde infligió a los cristianos la tremenda derrota de Mohács, ya mencionada anteriormente, en donde falleció Luis II de Hungría. Animado por estas victorias, tres años más tarde, el sultán llegó a las puertas de Viena, no tuvo el éxito que esperaba como tampoco lo tuvo en 1532. Es en este punto cuando podemos volver a mencionar al aspirante al trono de Hungría en competencia con Fernando, el voivoda Juan Szapolyai. Pensaba este que con la ayuda del turco podría ceñirse la corona magiar, arrebatándosela al hermano del emperador Carlos. Grande fue la sorpresa de la cristiandad al ver a un cristiano, el voivoda de Transilvania, poner sus armas y ejércitos al servicio de un infiel, de modo que inclusive el papa Clemente VII lo excomulgó, pero esto no inmutó al voivoda Szapolyai que, bajo la sombra de Solimán, continuó titulándose rey de Hungría hasta su muerte en 1540.

El turco acrecentaba su poderío y se extendía hacia el oriente donde la decadencia de los emiratos timuríes le ofrecía la posibilidad de fáciles conquistas. En 1534, el emir y *alter ego* de Solimán, Ibrahim (luego estrangulado por orden suya y en su presencia), conquistó para el Gran Pachá la ciudad de Bagdad y más tarde (1538) los hombres de la Sublime Puerta se extendieron hasta Diu, en la costa meridional de Arabia.

Por el oeste, Solimán pretendió enfrentarse y atenazar el poder de los Habsburgo, empezando, como es natural, por las fronteras en dónde se hallaba frente a ellos. El hombre que representaba este poder de resistencia en primera línea era Fernando. Para sus planes, Solimán necesita un aliado a espaldas del enemigo, en la retaguardia, un contendiente opositor que minara los planes de la cristiandad y que, a ser posible, lo ayudara con puertos, armas y bastimentos, halló este aliado en la persona de Francisco I de Francia, enemigo acérrimo de Carlos V y por extensión de los Habsburgo.

Era difícil que Francia ayudase a Turquía directamente, pero la ayuda se pudo realizar a través del pirata Barbarroja, quien se puso al servicio del sultán a cambio del título de Kapudán Pachá, esto es almirante de la poderosa armada de los turcos. El Kapudán Pachá pudo contar con refuerzos para su propia flota, la cual fue inmensamente agrandada con las naves propias del turco, armas (cañones y armas de fuego, muchas facilitadas por Francia) y lo que es más, puertos francos en territorio francés, donde las naves piratas del Kapudán Pachá, que asolaban el Mediterráneo, podían hacer aguada y refugiarse en caso de necesidad. Ya no era solo la frontera este de Europa, la defendida por Fernando, la que era atacada por Solimán sino que el turco a través de la activa piratería atacaba el flanco sur que debía defender el mismísimo Carlos V, so pena de dejar camino libre a las naves piratas que perturbaban gravemente el necesario tráfico de personas y bienes a través del Mediterráneo, eso sin contar con las incursiones en busca de botín y esclavos en los puertos de España e Italia. Todo esto protegido y cobijado por el cristianísimo rey Francisco I de Francia en su afán de desgastar a los Habsburgo, a los que envidiaba su hegemonía pues, según su apreciación, este poderío de los Habsburgo hacía desmerecer el poder y prestigio de Francia y de él mismo.

Vista la expansión de los otomanos, el César Carlos reaccionó para defender el Mediterráneo, como clamaba toda la cristiandad, y en 1531 desembarcó con sus ejércitos en Asia Menor y se apoderó de la Goleta y Túnez con lo que el poder del turco disminuyó sensiblemente. Es este el momento en el que Francia y Turquía, bajo el manto de un tratado comercial, firmaron en realidad una alianza ofensiva contra la Casa de Habsburgo.

Durante sus largos periodos de ausencia del Imperio, el César Carlos se sirvió de su hermano Fernando como representante y defensor de su política. A partir de la coronación de Carlos V (22 de febrero de 1530) como emperador del Sacro Imperio y de la elección de Fernando como rey de romanos (5 de junio de 1531), condición previa para ser nombrado emperador en el futuro, Fernando adquirió cada vez más grandeza en el Imperio.

Para comprender la importancia del título de "rey de romanos", añadiremos que este implicaba de sí la sucesión en el de emperador del Sacro Imperio al fallecimiento del actual tenedor, entonces el rey de romanos sería coronado por el papa como emperador.

Durante las temporadas de ausencia del emperador, implicaba ser considerado como un emperador electo (o emperador *in pectore*), en espera de ser coronado como tal en Roma. El rey de romanos era el heredero del emperador designado en vida del propio emperador en «espera de coronación» y que se intitularía emperador en el futuro, cuando fuera coronado por el papa en Roma. En principio, antes de ser coronado, el candidato era nombrado como *Romanorum rex semper augustus*. Tras la coronación por el papa era intitulado *Romanorum imperator semper augustus*.

La Santa Liga contra el turco. La pérdida de Hungría

Como vimos, Túnez, por mandato de Carlos y dicho sea con la fuerza y la inteligencia de Álvaro de Bazán y de Andrea Doria, había sido reconquistada por los cristianos en 1535, enfrentándose para ello al pirata Barbarroja y toda la flota turca, este temible hombre de la mar había sido nombrado por Solimán como su Kapudán Pachá o almirante de su armada. Con esa victoria, los cristianos habían quebrantado el poder otomano, al menos de momento. En realidad, solo habían conseguido ganar tiempo. Trascurridos tres años, el papa, la Serenísima República de Venecia, el emperador y Fernando de Austria formaron una confederación que llamaron la Santa Liga cuya finalidad era atacar a los otomanos.

Entre 1536 y 1538, Carlos V había estado ocupado en las continuas guerras y escaramuzas contra Francia, para lo que hubo de abandonar el frente Mediterráneo en donde el poderío otomano comenzaba a resurgir al no hallar contramedidas a sus continuas correrías. Fue en 1538 cuando Francia, obligada por sus continuas derrotas, se vio forzada a firmar la llamada Paz de Niza; por esta, Carlos V y Francisco I se comprometían a una tregua de diez años. A partir de este momento, Carlos se vio con las manos libres para dedicar su atención al turco y asimismo atender a la Santa Liga; en esta alianza de cristianos, España se comprometió a aportar, ella sola, la mitad de los efectivos y el dinero necesario para la acción bélica. Parecía el momento clave para destruir, de una vez por todas, la flota berberisca y, quizás, capturar Constantinopla.

Pero no todo salió como se había proyectado: las Cortes se negaron a proporcionar el dinero solicitado por el emperador para costear la guerra, Castilla estaba agotada tras veinte años de guerras continuadas; de las 200 naves que se calcularon como necesarias, solo se reunieron 140, número apenas igual al de las naves turco-berberiscas con lo cual no se podía garantizar superioridad alguna sobre la flota del Gran Pachá.

Protestaban los italianos arguyendo que ellos aportaban más naves (lo que era cierto, aunque muchos menos hombres), además, los italianos no se fiaban de los españoles que, según ellos, ocupaban los mandos superiores; nadie confiaba en Francia que podía en cualquier momento reanudar sus hostilidades contra el Imperio en el momento más delicado de la empresa, pues su palabra, firmada o no, no era de fiar.

Así las cosas, en 1538, se libró la batalla de Préveza en la cual el pirata Barbarroja, el Kapudán Pachá o almirante de la flota de Solimán el Magnífico, derrotó a las fuerzas coaligadas.

Dos años más tarde, en 1540, falleció Juan Szapolyai (quien se había intitulado rey de Hungría con el beneplácito de Solimán) aunque su reinado, en la práctica, era un reino títere. A la muerte del antiguo voivoda de Transilvania, Fernando I vio su oportunidad de recuperar el reino que creía suyo a través de su matrimonio con Ana Jagellón.

Como quiera que fuese, ambos reyes, Fernando I y Juan Szapolyai, habían pactado que si Juan moría sin herederos, el trono húngaro sería para Fernando, fallecido el *otro* rey de Hungría, Juan Szapolyai, Fernando de Habsburgo avanzó hacia Buda reclamando sus derechos, pero Solimán no deseaba que el austriaco agrandase sus territorios a expensas de Hungría, así que él también avanzó hacia Buda con sus bien entrenadas huestes y el ejército austriaco fue aniquilado por Solimán. Con esta acción, el turco había aniquilado *de facto* a la nación húngara y vista esta victoria y envalentonado por ella, en 1543, puso sitio y rindió a otra ciudad: Esztergom. El poderío de Solimán parecía imparable, aunque el Gran Pachá y amo de la Sublime Puerta no se atrevió a llegar de nuevo hasta Viena.

En aquel momento, el turco volvió sus ojos hacia oriente, con lo que una paz en occidente con los territorios de los Habsburgo era, si no necesaria, al menos aconsejable; por otro lado, las guerras continuadas eran sumamente costosas en dinero y en vidas humanas, tanto para los cristianos como para los musulmanes, así que por el Tratado de Adrianópolis, 1547, los dos hermanos, Fernando y Carlos, reconocieron el control de los otomanos en casi todo el territorio húngaro y estuvieron de acuerdo en pagar al Gran Pachá un tributo anual de 30 000 florines de oro para mantener las posesiones de los Habsburgo en el norte y occidente de Hungría. La Hungría de los Habsburgo se vio reducida a una tierra fronteriza.

La Liga de Esmalcalda

Mientras todo lo arriba mencionado sucedía, entre 1540 y 1547, la cuestión de la reforma protestante, comenzada hacía veinte años por Lutero, había prendido en la mayor parte de Europa Central; lo que había comenzado como una cuestión teológica y de reforma de las costumbres terminó siendo una violenta discusión política y de poder. Los integrantes más conspicuos de la nobleza centroeuropea resquebrajaron la unidad del cristianismo.

Los llamados electores o príncipes electores (*Kurfürst*) eran los miembros de un colegio electoral que tenía el poder y privilegio de escoger a los emperadores, mejor dicho, eran los que elegían al rey de romanos que, como ya dijimos, luego sería coronado como emperador por el papa.

Estos príncipes tenían sus funciones delimitadas por la Bula de Oro (1356). En principio, fueron siete los nombrados en la Bula de Oro, y en este número se mantuvieron durante el siglo XVI.

Electores eran los arzobispos de Maguncia, Tréveris y Colonia, el rey de Bohemia, el conde palatino del Rin, el duque de Sajonia y el Margrave de Brandenburgo. Tres eran electores eclesiásticos: el de Maguncia, el de Tréveris y el de Colonia; y cuatro seculares: el Rey de Bohemia, el margrave de Brandenburgo, el conde palatino del Rin y el duque de Sajonia. Los tres arzobispos se contaban entre los más ricos y poderosos de Europa, en tanto que los duques controlaban el ancestral territorio franco. En su conjunto, eran los hombres más poderosos de Centro Europa. No se podía ser emperador sin su aquiescencia y aprobación. Eran soberanos en sus territorios, ricos, influyentes y orgullosos de su estirpe y de su poder.

Mientras Carlos V estuvo ocupado en las guerras contra Francia y los otomanos, hay que decir que Carlos no actuó con la suficiente diligencia contra Lutero y su doctrina y para cuando tuvo tiempo, o interés, la doctrina luterana había calado profundamente en gran parte del Imperio, inclusive se había formado una Liga en contra de los intereses del emperador: la conocida como la Liga de Esmalcalda. Fue esta creada en 1531 por Felipe I de Hesse y Juan Federico, elector de Sajonia y Esmalcalda, a esta Liga se unieron y sumaron los territorios de Anhalt, Bremen, Brunswick-Luneburgo, Magdeburgo, Mansfeld, Estrasburgo y Ulm. Más adelante se unieron otros: Constanza, Reutlingen, Memmingen, Lindau, Biberach an der Riss, Insy im Allgäu y Lübeck.

En su conjunto, todos estos territorios reunían un gran poder que podía enfrentarse a cualquiera, inclusive, al emperador. Para su defensa se destinaron 10 000 infantes y 2000 caballeros. Sabedores de que Francia era el constante enemigo del emperador Carlos, los de la Liga se aliaron con Francia (1532) y más tarde con Dinamarca (1538).

Esta poderosa Liga amenazaba no solo a la unión de los cristianos, al emperador y a sus territorios, sino también a la Casa de los Habsburgo que veía como sus dominios se sublevaban y sus nobles les negaban obediencia; y aunque la Liga, en principio, no declaró la guerra al emperador de forma directa, su apoyo y seguimiento de la Reforma luterana y las confiscaciones de tierras a la Iglesia y las expulsiones de obispos y príncipes católicos hicieron que Carlos V decidiera enfrentarse a la Liga. Por su parte, los príncipes católicos habían formado su propia Liga, quizás debemos llamarla *Contraliga*, que se conoce con el nombre de Liga de Núremberg o Santa Liga de Núremberg. En realidad, ambos bandos evitaron un enfrentamiento y el emperador intentó un compromiso, pero sus guerras en otros lugares lo apartaron de la solución del problema.

Aprovechando la situación, los luteranos expulsaron al duque católico de Brunswick-Luneburgo, Enrique de Wolfenbütel (1542).

En 1546, finalmente se rompieron las hostilidades. El papa Pablo III ofreció ejércitos y ayuda financiera y Carlos y su hermano Fernando (el futuro emperador) se unieron para combatir contra la Liga de Esmalcalda. Por razones no confesionales, sino estratégicas, contaban asimismo con el importante apoyo del protestante duque Mauricio de Sajonia. Finalmente la tropa de los Habsburgo quedó compuestas por 8000 veteranos de los Tercios españoles: el Tercio de Hungría, con 2800 infantes a las órdenes del maestro de campo Álvaro de Sande; el Tercio de Lombardía, con 3000 hombres al mando de Rodrigo de Arce, y el Tercio de Nápoles, con poco más de 2000 soldados, dirigido por Alonso Vivas a las órdenes del duque de Alba, Fernando Álvarez de Toledo, otros 16 000 lansquenetes alemanes, 10 000 italianos comandados por Octavio Farnesio y unos 5000 belgas y flamencos capitaneados por el conde de Buren, Maximiliano de Egmont. En total, 44 000 soldados de infantería a los que hay que añadir otros 7000 de caballería.

La Liga contaba con una fuerza similar mandada por Juan Federico I, elector de Sajonia y Felipe el Magnánimo, el landgrave de Hesse.

En un principio, los de la Liga protestante obtuvieron algunos éxitos, pero la Batalla de Mühlberg (24 de abril de 1547) inclinó la balanza a favor del lado católico. El mando supremo lo tomó el emperador, enfermo de gota en ese momento; su hermano, el archiduque Fernando I, tomó parte activa yendo en vanguardia junto a Carlos; comandaban dos grupos de seiscientas lanzas, cada uno acompañados de unos seiscientos herreruelos[4] cada grupo. El influyente y poderoso elector Juan Federico de Sajonia fue capturado y poco después el landgrave Felipe de Hesse fue obligado a someterse. El elector fue cesado en su función y hubo de trasmitir tal prerrogativa a su primo Mauricio. Al joven duque Enrique de Wolfenbüttel se le reinstaló en sus tierras y dominios y también al obispo Julius von Pflug se le devolvió su sede episcopal de Naumburg-Zeitz. Todo parecía haber terminado satisfactoriamente, pero pocos años más tarde, tras la traición de Mauricio de Sajonia, el protestantismo triunfó en Centro Europa, su evolución sería motivo de otro libro.

Hermanos distintos.
El engrandecimiento de la casa de Habsburgo

Sin duda, ambos, Carlos y Fernando, trabajaron al unísono para el engrandecimiento de la Casa de Habsburgo, para su mayor gloria, renombre y poder.

Sin embargo, ambos eran diferentes. Fueron educados en países dispares, sin sus padres, en idiomas distintos, con etiquetas no coincidentes,

---

4. Herreruelo: Soldado de la antigua caballería alemana, cuyas armas defensivas eran solamente peto, espaldar y una celada con tres crestas que no les cubría el rostro, todas ellas eran de color negro; las ofensivas eran arcabuces de pedernal muy pequeños, venablos y martillos de puntas agudas a manera de hachas, la cuales se llevaban pendientes de los arzones de las sillas.

siendo la etiqueta borgoñona mucho más rígida que la española. La etiqueta no es cuestión baladí, es la externalización de la concepción de poder del soberano. Sus maestros y ejemplos fueron asimismo disímiles.

Carlos, el mayor, nacido en Gante había sido educado en los Países Bajos, su idioma materno fue el francés y cuando llegó a España no hablaba español. Hablaba, mal, el alemán y nunca llegó a dominar el flamenco. Carlos nunca supo bien latín, y mucho se lamentó tardíamente. Cuando se encerró en Yuste tenía al alcance de la mano un *Boecio* traducido al francés, otros dos en italiano y español, los *Comentarios de César* en italiano. Se defendía mejor en los idiomas vernáculos que en las lenguas clásicas. En principio no era un brillante políglota.

Los españoles lo perdonamos porque llevó el español al mundo entero, lo aprendió de corazón y lo hizo suyo, y además dejó dicho: «*Si Charles Quint revenoit au monde, il ne trouveroit pas bon que vous missiez le François au dessus du Castillan, luy qui disoit que s'il vouloit parler aux Dames, il parleroit Italien; que s'il vouloit parler aux hommes, il parleroit François; que s'il vouloit parler á son cheval, il parleroit Allemand; mais que s'il vouloit parler á Dieu, il parleroit Espagnol*». Nadie ha hecho un elogio mejor del español.

Su educación respondía a la de los ideales de un cabello medieval, de una vida cortesana borgoñona. Su vida transcurrió en su primera juventud entre banquetes, torneos y fiestas. Tras la muerte de su padre en Burgos (1506), Margarita de Austria, *bonne tante* Margarita, la viuda del príncipe Juan, primogénito de los Reyes Católicos, fue nombrada por el emperador Maximiliano, abuelo del príncipe, no solo gobernadora de los Países Bajos sino también tutora de Carlos. Ella llamó al deán de la Universidad de Lovaina para encauzar la educación del futuro soberano y asimismo encargó al español Luis de Vaca que le enseñara castellano, cosa en la que tuvo muy escaso éxito, por no decir ninguno. Tuvo Carlos grandes maestros pero no gustaba del trabajo de despacho, de ambientes cerrados, del estudio del latín y similares, amaba el aire libre, la lucha, los torneos y las armas, pero sobre todo amaba la música; él mismo tocaba la espineta, el órgano y la flauta, inclusive gustaba de cantar y para él se compusieron algunas canciones de parte del *maisterkapelle* Juan de Anchieta.

En cuanto a su formación religiosa —aspecto de la mayor importancia en el tiempo en el que le tocó vivir— era la de un catolicismo mediatizado por el poder del estado, aunque abierto al reformismo y en busca de la mejora de las costumbres, según predicaba Erasmo de Rotterdam, a quien Carlos admiraba. Todo el ambiente estaba influenciado por la *devotio moderna* de Ockam y Budé. Podemos añadir que como soberano fue el último rey de la Edad Media, como sus antepasados marchaba al frente de sus tropas, acampaba con ellos y en todo se hacía querer y respetar por sus hombres. Con ellos compartía penalidades y gloria y con ellos atravesó a caballo, sano y enfermo varias veces Europa.

Él mismo nos lo recordó cuando en Amberes hizo expresa renuncia al trono con las palabras: «nueve veces he entrado en Alemania, seis en España, cuatro en Francia, dos en África, y otras dos en Inglaterra...». También estuvo «...tres veces por el mar de Poniente y ocho por el Mediterráneo...».

Los monarcas modernos ya no harán esto nunca más; gobiernan en un despacho y sus virreyes, embajadores o ministros se desplazan si hace falta.

El ejército se moderniza y el rey ya no irá al frente de sus huestes, es una figura sagrada que no se mezcla con el resto del mundo.

Fernando, por su parte, nació en España, tampoco disfrutó de padres, su idioma materno era el español, aunque sabemos que hablaba con corrección otros cinco idiomas. La corte de los Reyes Católicos era admirada en el mundo entero por su educación moderna, el Renacimiento, que presuponía el conocimiento de los clásicos y sus lenguas, encontró tierra buena en España y dio sus frutos. Todos los jóvenes cortesanos en tiempo de Isabel la Católica recibieron educación según los principios del Renacimiento y en la corte itinerante había siempre maestros y «aulas» aunque fuera en sitios incómodos o inusitados[5]. Inclusive sus

---

5. Ver nuestro libro *Mujeres Renacentistas en la corte de Isabel la Católica*. Editorial Castalia. 1999.

hijas fueron educadas al igual que los varones en las lenguas clásicas, la filosofía, la teología, geografía e historia y todo lo que se acostumbraba además de música, danza, costura y otros adornos de mujer. Los jóvenes nobles, bajo la mirada del alcaide de los donceles, se preparaban en artes de varoniles mientras los profesores, llámense tutores o ayos, los instruían en latían y filosofía, en teología y lenguas y en todo los preparaban para ser unos caballeros educados, hombres renacentistas. Fernando, educado bajo la vigilancia de su abuelo, Fernando el Católico, fue educado como lo habría hecho Isabel con un hijo.

Otro aspecto que influyó en la personalidad de don Fernando fue el saberse segundón, es decir, no había de heredar los territorios de sus padres y si algo había de poseer sería por graciosa concesión de su hermano mayor. Inclusive el hecho de saber que tenía partidarios de él y no don Carlos para heredar la tierra española, era en el fondo solo una fantasía pues los derechos sucesorios eran intocables y estos pertenecían a su lejano y desconocido hermano: Carlos. Por otro lado, Fernando, debido a su alto y esclarecido linaje debía de ocupar algún puesto importante en la Casa de Austria, pero desconocía cual le sería asignado.

En cuanto a la educación religiosa de Fernando, en España, a diferencia de en Europa Central, bajo el impulso de la reina Isabel se había llevado ya a cabo una reforma que era por la que suspiraban las otras naciones. Se había reformado el clero, se unificó la liturgia y las doctrinas de Erasmo fueron bien recibidas pues defendía una fe verdadera y no solo las demostraciones externas de piedad. El mismo Cardenal Cisneros invitó a Erasmo a visitar España, aunque este no aceptó la invitación. En algo coincidían ambos hermanos, los dos recibieron influencia de sus abuelos, Fernando (I del Sacro Imperio) la de Fernando de Aragón, quien mucho amó al joven y lo educó a su lado e inclusive tuvo deseos[6], quizás solo sueños, de que este heredase las tierras en

---

6. En 1512, Fernando el Católico redactó un testamento en Burgos en el cual nombraba a Fernando de Habsburgo su heredero en el trono de Aragón, pero finalmente recapacitó pues pensó que este propósito, podría originar el estallido de una guerra civil entre ambos hermanos, y renunció a su idea.

que había nacido; por parte de Carlos (V de Alemania), este recibió la influencia de su abuelo Maximiliano, quien lo imbuyó la idea de la importancia de su herencia de Borgoña y los Países Bajos, idea que arraigó profundamente en las raíces de Carlos.

De hecho, gran parte de los dineros de Castilla (pechos, derechos, alcabalas, tasas, derramas y otras cargas) fueron en el futuro para sufragar las guerras de Carlos, muchas veces por conservar o defender esa herencia que para España fue en verdad una herencia envenenada.

Cuando Isabel de Castilla falleció, y vista la incapacidad —real o no— de Juana para reinar, hubieron de pasar años hasta que el joven heredero Carlos, entonces de apenas cuatro años, pudiera hacerse cargo de la fastuosa herencia de los Trastámara. La reina había fallecido el 22 de noviembre de 1504, don Fernando de Aragón se hizo cargo del gobierno y no es hasta noviembre de 1517 cuando el joven Carlos llegó a España, los hermanos habían tenido que esperar años para conocerse.

Cuando los hermanos se encontraron Carlos tenía diecisiete años y Fernando catorce, no se habían visto nunca, seguramente se miraron con curiosidad más que con cariño. Muy pronto debió darse cuenta Carlos del afecto que los españoles sentían por su hermano. Parcialmente por su propia decisión y también en parte por advertencias de sus consejeros flamencos decidió apartar a Fernando de su camino. Antes de seis meses, el infante Fernando fue enviado fuera de España con destino a los Países Bajos, en realidad bajo la tutela de su tía Margarita, la viuda del príncipe Juan y hermana de Felipe el Hermoso. Fernando quedaba en la penumbra mientras el sol de Carlos empezaba a resplandecer; tanto es así que tras el fallecimiento de su abuelo, el emperador Maximiliano el 12 de enero de 1519, el joven Carlos reunió la herencia de sus abuelos Maximiliano y María de Borgoña y de Fernando el Católico e Isabel de Castilla.

Pronto su nombre sonó como el heredero de la Corona imperial y aunque Francisco I de Francia la ambicionaba para sí, al fin, Carlos de Borgoña se alzó con ella. El 23 de octubre de 1520 era electo rey de romanos y tres días después era coronado reconocido como rey de romanos en Aquisgrán. Ya era, con apenas veinte años, el rey más poderoso y el 24 de febrero de 1530, el mismo día de su cumpleaños, en Bolonia, Carlos fue finalmente coronado como emperador del Sacro Imperio Romano Germánico por el papa Clemente que colocó sobre su cabeza la corona de hierro de los lombardos. Esto le confería el título de rey de los borgoñones. El papa Clemente desde ese día se convirtió en aliado de la causa imperial, la del emperador del Sacro Imperio Romano Germánico.

Fernando, que hasta que su hermano fuese nombrado rey de romanos había llevado una vida relativamente tranquila y oscura, fue agraciado en 1520 por su hermano con el título de archiduque de Austria, y al año siguiente, como ya adelantamos, con la herencia austriaca de los Habsburgo: la Alta y Baja Austria, Estiria Carintia y Carniola, en 1522 pasaron a su poder el Tirol, la Alta Alsacia y el Ducado de Wurtemberg.

Desde ese momento, la estrella de Fernando empezaba a brillar, pero era reflejo de la gloria de Carlos, Fernando fue investido con una soberanía propia, a diferencia de los lugartenientes, gobernadores y virreyes que gobernaban en nombre de Carlos, Fernando era un verdadero soberano.

Carlos dominaba distintos territorios en varias partes del mundo mientras Fernando dominaba en un territorio relativamente compacto. Carlos acariciaba la idea de la *Monarchia Universalis*, una Monarquía Universal, mientras Fernando respetaba el carácter federativo de sus territorios y más aún cuando entraron en sus dominios los reinos de Hungría y Bohemia; sin embargo, en cierto modo, Fernando respetaba la superior jerarquía de su hermano, pues si él era soberano en sus reinos, Carlos era emperador: rey de reyes. Esta diferencia de rango entre ambos se puede apreciar en el tratamiento que usaban uno con otro, cosa que se refleja en su abundante correspondencia[7].

---

7. Para saber más sobre la correspondencia entre los dos hermanos acudir al libro de Laferl, Christofer. *Las Relaciones entre Carlos y Fernando a través de la Correspondencia Familiar*. Sociedad Estatal para la Conmemoración de los Centenarios de Felipe II, Carlos V. Madrid 2001.

En todo caso, Carlos era informado puntualmente de los sucesos en la corte de Fernando, en principio parece ser que desconfiaba del criterio de su hermano (en realidad Fernando era muy joven pues si Carlos tenía veinte años, Fernando tenía dieciséis o diecisiete); Carlos pedía a personas[8] colocadas cerca del archiduque información prolija sobre todas sus acciones, fueran privadas o de gobierno, así como de sus planes para el futuro, y al mismo Fernando le importunaba con instrucciones y consejos, afortunadamente Carlos adquirió confianza en el buen criterio de su hermano y dejó de agobiarlo pasados unos cuatro años.

Diferencia de intereses entre ambos hermanos: coincidencias y divergencias

Aunque los territorios de Fernando eran en apariencia más compactos que los de Carlos, no por ello dejaban de ser territorios distintos, con lenguas diferentes, tradiciones y gustos desiguales y razas diversas. Era un microcosmos comparado con los territorios de Carlos, pero compartía con él la diversidad. También Carlos tenía territorios muy disímiles pero el César a todos esos problemas tuvo que añadir las continuas guerras, ya con Francia defendiendo sus posesiones, ya con el turco por tierra y mar. Cada hermano tenía sus propios problemas y complicaciones pero, aun así, en términos generales, se ayudaban mutuamente porque ello redundaba en la mayor gloria y poder de la Casa de Austria, del linaje al que ambos, orgullosamente, pertenecían. Carlos invirtió mucha energía en la guerra contra Francia, mientras Fernando tenía el rompecabezas de Hungría con el voivoda de Transilvania que se había proclamado rey.

8. Para detalles de los españoles en la corte de Fernando ver el libro de Laferl, Christofer. *Die Kultur der Spanier in Österreich unter Ferdinand I* (1522-1564) La Cultura de los Españoles en Austria bajo Fernando I. (1522-1564) Böhlau Wien Verlag. 1997.

Es cierto que en la batalla contra el francés la ayuda de Fernando a Carlos no fue vital ni siquiera importante y del mismo modo tampoco Fernando se vio muy apoyado por Carlos en sus problemas húngaros, pero en la peligrosa lucha contra los otomanos ambos hermanos colaboraron para llegar a buen fin, aunque cada uno lo hiciese a su manera.

Para el emperador siendo el principal enemigo el Gran Pachá Kamuni, Solimán el Magnífico, su foco de acción estaba en el Mediterráneo y la piratería así como en los puertos que les daban cobijo; para el archiduque Fernando I, siendo el mismo enemigo Solimán, su acción se focalizaba contra las incursiones terrestres de los otomanos que todo el tiempo asediaban su frontera y, sobre todo, la influencia de estos en Hungría a través del rey títere, el voivoda de Transilvania, Juan Szapolyai, protegido por Solimán.

Para ser sinceros, Carlos y los poderosos del Imperio apoyaron relativamente poco al archiduque don Fernando en sus varias guerras fronterizas, solamente en 1532 acudió el César con unas tropas considerables en auxilio de su hermano, pero finalmente no tuvo que intervenir porque el otomano se retiró a tiempo. Se conoce esta acción como el segundo asedio de Viena. Desde la frontera de Hungría, se aproximó un ejército turco de 20 000 jenízaros. En esta ocasión, enterado el César Carlos, acudió en auxilio de su hermano para impedir que este temible ejército avanzase hasta Viena, a este fin reunió un ejército de 90 000 infantes y 30 000 caballos y nombró comandante de las fuerzas imperiales al marqués de Vasto. El 13 de agosto de 1532 los turcos de la Sublime Puerta atacaron la fortaleza de Günst (a 100 km de Viena) pero los defensores resistieron y al fin los atacantes se retiraron. Al saber los turcos de la enormidad de las fuerzas imperiales retrocedieron sin enfrentarse a las fuerzas del emperador. Carlos escribió a la Emperatriz Isabel: «el turco se ha retirado por miedo a tropezar con el gran ejército…».

En cuanto a la cuestión religiosa, aunque ambos soberanos deseaban defender la unidad del cristianismo no lo hicieron de igual manera. Los historiadores atribuyen a Carlos una cierta intransigencia y a Fernando una postura más flexible. Los estudiosos modernos están revisando este enfoque pues, en realidad, Carlos confiaba en que en el Concilio de Trento se resolverían los puntos doctrinales en conflicto o se llegaría a un acuerdo intermedio, cosa que terminaría con las llamadas guerras de religión, y nadie más interesado que el emperador pues esto le dejaría las manos libres para concentrarse en el turco de la Sublime Puerta y en su rival de Francia.

Fernando por su parte también tuvo que lidiar con las nuevas corrientes reformistas así vemos como en 1547 los bohemios hicieron causa común con los protestantes del Imperio. La derrota de estos por el emperador los dejó a merced de Fernando. Con mucho tacto y habilidad, Fernando atacó solo el poder de las ciudades destruyendo su independencia, pero perdonó a los nobles con la condición de que accedieran a que en el futuro la Corona de San Wenceslao fuera hereditaria. Así que Carlos atacaba la raíz del problema deseando clarificar el dogma mientras Fernando solucionaba un problema local según se presentaba. La responsabilidad de cada uno era distinta, así que es difícil hacer una estimación en cuanto al espíritu que movía a cada uno.

Es bien cierto que Fernando apoyó a Carlos en la cuestión de la Liga de Esmalcalda (1531), aquella asociación de rebeldes protestantes creada por Felipe I de Hesse y Juan Federico, elector de Sajonia, que se unieron contra Carlos y su autoridad; y también es cierto que tras la victoria de Mühlberg Fernando aprovechó esta victoria del emperador para, a su vez, sofocar el levantamiento de los protestantes en Bohemia. En esa acción, a su vez, Fernando fue ayudado por las tropas imperiales[9]. No era la primera vez que Fernando aprovechaba una acción de Carlos para su propio provecho o para, con su ejemplo, justificar alguna de sus acciones. Tras la victoria de Mühlberg, Fernando manifestó a su

---

9. Eberhard, Winfried. *Monarchie und Wiederstand Zur ständischen Oppositionbildung im Herrenschaftssystem Ferdinands I. in Böhmen.* Collegium Carolinun Munich 1985.

hermano su deseo de asegurarse el ducado de Wurtemberg, ya que su antiguo duque, Ulrich, se había unido a la Liga de Esmalcalda y por tanto había perdido sus derechos. Carlos no estuvo de acuerdo en esa cesión y esto distanció a los hermanos.

Ambos hermanos defendieron siempre la primacía de la Casa de Habsburgo, lo que se llamó «la cuestión dinástica», y fue bajo este principio que se opusieron al divorcio de Enrique VIII de su tía, la hija de los Reyes Católicos, Catalina de Aragón.

También bajo este principio de la primacía de los Austrias concertaron los matrimonios de sus respectivos hijos no solo con la idea de que reinasen, sino también de que estas alianzas redundasen en la mayor gloria y engrandecimiento de la Casa de Austria.

Puede decirse que estos enlaces fueron concertados bajo un punto de vista político. Esto justifica también los repetidos vínculos entre ambas líneas de la casa de Austria: la de Madrid y la de Viena, cosa que, con el correr de los tiempos, vino a ser su ruina y su desaparición por mera degeneración de la estirpe.

El primer paso de una larga saga entre parientes cercanos vino a ser el enlace del hijo de Fernando, Maximiliano, con la hija de Carlos, María. Pero esta proyectada unión de ambas Casas, a la larga, no podía durar porque ambas líneas tenían hijos varones que con el tiempo se iban separando, entre otras cosas porque surgió la pregunta de a cuál de las dos Casas correspondía la supremacía, ya que Carlos había renunciado a la dignidad de emperador del Sacro Imperio y esta, finalmente, había recaído en Fernando. Mientras Carlos vivió, sin duda, era el primogénito y tenía el privilegio de tomar las decisiones que afectaban a la Casa por lo menos en España y en los Países Bajos, en el Imperio las cosas eran diferentes y había muchos más intereses en juego.

Ambos hermanos, Carlos y Fernando, tuvieron problemas a costa de la posible herencia que correspondería a sus herederos respectivos.

Por su parte, Maximiliano y Felipe, primos hermanos, se habían educado en España, pero nunca simpatizaron demasiado, y cuando Felipe hubo de desplazarse a los Países Bajos para presentarse ante sus habitantes como su futuro rey, el hijo de Fernando, el joven Maximiliano se quedó en España como gobernador durante dos años, desde 1548 hasta 1550. Poco después, tras la Paz de Augsburgo (1555), se reunieron los miembros más conspicuos de la Casa de Habsburgo para dilucidar el futuro del Imperio y el posible reparto de territorios y dignidades. Quien llevaba la voz cantante y tenía la última palabra era el emperador Carlos, este manifestó su voluntad de que a su desaparición los miembros de la Casa lo sucediesen en este orden: 1.º Fernando, hermano de Carlos, 2.º Felipe, hijo de Carlos, y 3.º y último Maximiliano, hijo de Fernando, sobrino, por tanto, de Carlos.

Don Fernando, el hermano del emperador, no estuvo de acuerdo por cuanto su hijo Maximiliano no heredaría directamente de él, sino después de Felipe, y en esa tesitura Maximiliano, avisado por su padre, se presentó en la reunión familiar y se produjo un intercambio de acusaciones y protestas. Carlos pretendía repartir sus reinos y ninguna de las partes estuvo de acuerdo en el reparto. Fernando apoyaba a su hijo Maximiliano, y este a su padre Fernando, cada uno por la parte que le tocaba en el reparto y en el orden en que habían de suceder. Al final, se aceptó la opinión de Carlos pero las diferencias no quedaron definitivamente resueltas. A partir de entonces, las relaciones entre Carlos y su hermano, Fernando, se hacen tensas y ya nunca volverán a ser las mismas. Solamente la intervención de la inteligente y juiciosa María (ver la infanta María en este mismo libro) pudo evitar una ruptura irreversible y violenta.

El joven Maximiliano, lleno de rencor entró en contacto con los príncipes alemanes e inclusive se habló de un progresivo acercamiento del príncipe a las tesis luteranas. Naturalmente esta conducta preocupó grandemente a su padre, pues apreciaba claramente que esta trayectoria que podía ser vista como proluterana, podía alejar al joven, definitivamente, del trono.

Sin embargo, pasado un tiempo todo parecía volver a su cauce. Fernando accedió a firmar un tratado de sucesión e interceder ante los electores por la candidatura de su sobrino Felipe.

Varios elementos confluyeron para que esta candidatura no llegase a buen fin: el matrimonio de Felipe con María Tudor, que pareció dejar en segundo plano el interés por Alemania, la antipatía de los príncipes alemanes por la figura de Felipe, de quien temían introdujese el Tribunal de la Herética Parvedad (la Inquisición) en sus países, y tal vez el desinterés del mismo Felipe que, dándose cuenta de que la apreciación de su persona era negativa en el Imperio, y temiendo quizás una respuesta contraria a su nombramiento por parte de los electores renunció a presentarse y formalizó una renuncia oficial a la dignidad imperial, lo que abrió el camino a su primo Maximiliano. Pero la lucha por el poder y por el futuro de sus respectivos herederos, había abierto una brecha entre ambos hermanos y la confianza mutua no fue nunca la misma. Se había evitado la ruptura pero nada más, ello se hizo patente a la hora de la muerte de Carlos, cuando él hizo llamar a su hermano repetidas veces para que viniese a su lado y este nunca acudió.

Mientras Carlos declinaba, Fernando aumentaba su gloria. Tras la derrota de Metz en la que los protestantes se vengaron de la derrota de Mühlberg, y el levantamiento de los nobles alemanes contra él, Carlos perdió ánimos; por el contrario, su hermano se creció y llegó a ser más importante en esos momentos críticos para la Casa de Habsburgo. Fue gracias a él que en la Dieta de Augsburgo finalmente se reconociese, mediante un tratado, lo que se dio en llamar la «vieja religión» como la *confessio augustana*, y se estableció el principio *Cuius regio, eius religio* (a tal rey, tal religión), es decir, que según la religión del soberano así sería la religión de los súbditos. Cada monarca podía decidir entre esas dos «religiones», la católica y la luterana, con exclusión de cualquier otra. Las excepciones estaban establecidas en el capítulo *Declaratio Ferdinandei* y *Reservatum Ecclesiasticum*. Los asuntos pendientes se trataron de sustanciar en el siglo siguiente, en la guerra de los Treinta Años. Pero eso no es asunto de nuestro libro. Sí tenemos que constatar que, tras la Dieta de Augsburgo, la importancia de Fernando igualó políticamente a la de Carlos, aun antes de ser nombrado emperador del Sacro Imperio. Empezaba a ser un político independiente mientras la estrella del emperador declinaba.

Importancia de Fernando I en las decisiones de Augsburgo

Para comprender, siquiera por encima, la importancia de la Dieta debemos recordar que en los territorios del Sacro Imperio había unos ochenta estados gobernados directamente por sus propios príncipes o soberanos; de estos, unos cincuenta eran señoríos eclesiásticos y unos treinta seculares. De hecho, la autoridad del emperador estaba mediatizada por las normas dictadas por estos gobernantes, el resto de los territorios, no principescos ni eclesiásticos, eran, o bien territorios «libres» bajo el dominio del emperador o pertenecían a caballeros de menor categoría que los príncipes.

Con la aceptación de la reforma protestante por muchos de los territorios, el ideal de un imperio con una religión homogénea se había tornado imposible. Había que transigir de alguna manera o llegar a un acuerdo para impedir que el Imperio se disgregara del todo o que desembocara en una guerra abierta entre príncipes y territorios y el emperador.

Un gran número de pastores (clérigos) con sus señoríos eclesiásticos habían aceptado las tesis luteranas, sobre todo por la influencia de los grandes príncipes en cuyos territorios estaban enclavados a veces sus propios estados. Para ellos, se decidió que los prelados y obispos deberían regresar a la religión *antigua* (católica) a menos que renunciase a sus prebendas:

... Cuando un arzobispo, obispo o prelado o cualquier otro sacerdote de nuestra antigua religión abandonase la misma, su obispado, arzobispado, cualquier beneficio junto con las entradas económicas y sus gajes, deberán también ser objeto de renuncia y abandono sin excusa ni demora...

En cuanto a los príncipes luteranos y sus vasallos, se les permitía seguir en su nueva fe bajo el principio general de que cada territorio seguiría la religión del príncipe si así lo deseaba, este principio se resumió en el ya mencionado: *cuius regis eius religio*[10]. En una palabra, se les permitió seguir practicando la religión reformada, esto es lo que se conoce como la *Declaratio Ferdinandei*, mientras que el decreto que suponía la pérdida de los bienes eclesiásticos a los clérigos que cambiasen de religión fue la llamada *Reservatum Ecclesiasticum*[11]. Todo este arreglo, complicado por otra parte, permitió una especie de paz en el Imperio, al menos por un tiempo, fue obra de Fernando I ya que Carlos no acudió y se hizo representar por su hermano.

Concilio de Trento y acción política de Fernando I

El Concilio de Trento fue la respuesta católica oficial a la Reforma luterana y no comenzó hasta veinticinco años después del rechazo simbólico de Martín Lutero a la autoridad papal, cuando públicamente quemó (1520) la bula *Exurge Domine*[12] que condenaba sus enseñanzas.

---

10. En caso de no aceptar la religión de su príncipe se les permitía emigrar a otro lugar más acorde con sus creencias.

11. La redacción ambigua de esta cláusula desembocó años más tarde en la guerra de los Treinta Años.

12. *Exurge Domine* (en latín Levántate, Señor). Bula papal hecha pública el 15 de junio de 1520 por el papa León X como respuesta a las enseñanzas de Martín Lutero y sus noventa y cinco, sobre todo a las que se oponían al papado.

Este retraso de tantos años permitió la consolidación del protestantismo y permitió que, cuando el Consejo por fin se reunió para para fijar la doctrina, lo hiciese ya como una reacción consciente contra las doctrinas protestantes.

En principio, Augsburgo, en su vertiente política, había dividido el Imperio de Carlos V en dos confesiones cristianas (luterana y católica) y otorgado a los príncipes alemanes la capacidad de elegir la confesión a practicar en sus Estados; pero estas confesiones solo podían ser dos: catolicismo y luteranismo, cualquier otra, como el calvinismo, estaba prohibida.

Tras su intervención en Augsburgo, y por haber solucionado de alguna manera aquel nudo gordiano, poco a poco la figura de Fernando va creciendo y sus decisiones son cada vez más importantes para el Imperio y para la política de los Habsburgo. Por la ya mencionada *Declaratio Ferdinandea* se había garantizado de hecho una libertad religiosa a los súbditos del Imperio y, en la reapertura del Concilio de Trento (1562), el archiduque defendió la libertad de conciencia y luchó personalmente para que fueran otorgadas amplias concesiones a los protestantes.

Posteriormente, Fernando trató de reunir a católicos y protestantes, pero falló porque insistió en que los obispos conservaran su autoridad secular. Tras este fracaso llamó a los jesuitas a sus territorios, con lo que creó las bases de la Contrarreforma en su heredad patrimonial.

Reformas de carácter civil y económico

Entre los aspectos de la política interior de Fernando de Austria, cabe citar por su importancia la reforma del sistema monetario, con la adopción de una nueva moneda de oro equivalente al real de a ocho castellano, el tálero.

La variedad de monedas circulantes con diferente valor en cada nación o región europea dificultaba el necesario comercio, con esto en mente el soberano se decidió a emprender una homogeneización de las monedas de cambio para facilitar el comercio.

Hasta entonces los compradores tenían dificultades para poseer la moneda adecuada para pagar a los vendedores, si estos preferían una sobre otra. Seguramente, el emperador Carlos se dio cuenta de que la diversidad y variedad de moneda dificultaba el comercio, al tiempo que encarecía la mercancía por la necesaria intervención de cambistas de una moneda a otra.

En el siglo anterior, ya España había acuñado una moneda de gran prestigio: el real de a ocho, con el cual se comerciaba en toda la cuenca Mediterránea y en Oriente Medio. A una proposición del virrey Antonio de Mendoza sobre los reales de a ocho, contestó Carlos V con una ordenanza de 18 de noviembre de 1537 que rezaba así:

> *… Vi lo que escribisteis al conde de Osorno acerca de la moneda que aveys hecho labrar en la casa de la moneda dessa ciudad en que decís se han labrado reales de a quatro e de dos a dos, e uno e medio e que no se han labrado reales de a tres por ser poca la diferencia que había de los unos a los otros y que la gente desea mucho que se labren reales de a ocho, por ser quenta justa de un peso, que todo me ha parescido bien: e vos encargo e mando que de aquí adelante agays labrar los dichos reales de a quatro, de a dos, de a uno e de medio, e también los dichos reales de a ocho si a vos os pereciere conveniente..*

Es de suponer que Carlos V se sintió predispuesto a dar esta autorización porque conocía el tálero (*thaler*) alemán, moneda gruesa de plata que había sido acuñada en 1486 por el archiduque Segismundo en el Tirol, con un diámetro de cuarenta milímetros y un peso de treinta y cinco gramos.

Visto que el real de a ocho tenía circulación legal en todo el Imperio de Carlos, Fernando tuvo la idea de reducir la diversidad de monedas circulantes en sus diversos territorios a fin de unificarlos con el real de a ocho, esta moneda había de ser el llamado *thaler*.

En 1519, el conde Schlick había acuñado en Bohemia piezas semejantes que se llamaron *joachimthaler* porque el conde era del Valle de San Joaquín.

Luego el nombre de la moneda se abrevió a *thaler*, la importancia del valor del *thaler* es que esta moneda era equivalente al nuevo real de a ocho autorizado por Carlos V. Los Habsburgo, en Europa Central que abarcaba también los Países Bajos, comenzaron a labrar los *thalers*, moneda grande de plata. Fernando I unificó toda la moneda de Austria sobre el *thaler*, incluyendo también a Hungría, Bohemia y Silesia, que pusieron su nombre en el blasón dispuesto sobre el águila, conservándole ciertos privilegios al Tirol. Con esta unificación, en la práctica, todas las regiones del Imperio, y también las que no pertenecían a él, tenían una moneda común, llámese tálero o real de a ocho pues eran equivalentes, esto dinamizaba el comercio y reducía los costes de las mercancías. No fue el euro la primera moneda común europea.

Por esta facilidad, la nueva moneda se extendió hacia oriente, las Molucas, Asia Continental y a cualquier zona con la que se comerciara hacia oriente. El *Reichsthaler* era el *thaler* estándar del Sacro Imperio Romano. Eran monedas de plata por la abundancia de plata en el siglo XVI, pesaban treinta y cinco gramos, como ya adelantamos, y puede decirse que fue la primera moneda universal por la aceptación que tuvo en todas partes. Tanto el real de a ocho como el *thaler*, o tálero para los españoles, puede decirse que fueron los antecesores del euro, en cuanto a moneda universal.

En el aspecto civil, fue también importante la nueva organización del Consejo áulico y la elección para la sucesión imperial de su hijo,

Maximiliano II. Fernando se esforzó al mismo tiempo por crear una autoridad central que asegurara la consistencia interna de sus territorios y centralizara la administración. Para ello, en 1522, creó un Consejo de Corte y en 1556 un Consejo de Guerra. En poco tiempo, consiguió limitar de nuevo la autonomía de sus Estados, que a la muerte de Maximiliano I había aumentado considerablemente. También pudo superar pronto la resistencia ofrecida en un principio contra sus consejeros extranjeros.

Descendencia

No podemos terminar este resumen sobre la vida de Fernando I, hermano del emperador Carlos, sin mencionar la abundante descendencia que le dio su esposa, Ana Jagellón, reina de Hungría y Bohemia, mencionaremos a estos, por orden de nacimiento:

1. Isabel de Habsburgo (9 julio 1526-15 junio 1554). Archiduquesa de Austria, casó con Segismundo II Jagellón, rey de Polonia.
2. Maximiliano II de Habsburgo (Viena, 31 de julio 1527-Ratisbona, 12 octubre 1576). Casó con su prima hermana, María de Austria y Portugal, hija de Carlos V.
3. Ana de Habsburgo (7 julio 1528-17 octubre 1590). Casó con Alberto V de Baviera.
4. Fernando de Habsburgo (14 junio 1529-24 enero 1595). Conde del Tirol, casó con Filipina Welser y en segundas nupcias con Ana Catalina Gonzaga de Mantua.
5. María de Habsburgo (15 mayo 1531-11 diciembre 1581). Casó con Guillermo V de Cleves el Rico.
6. Magdalena de Habsburgo (14 de agosto 1532-10 septiembre 1590). Abrazó la vida religiosa.

7. Catalina de Habsburgo (15 septiembre 1533-28 febrero 1572). Casó con Segismundo II Jagellón, rey de Polonia.
8. Leonor de Habsburgo (2 noviembre 1534-5 agosto 1594). Casó con Guillermo Gonzaga de Mantua.
9. Margarita de Habsburgo (16 febrero 1536-12 marzo 1567). Religiosa.
10. Juan de Habsburgo (10 de abril 1538-20 marzo 1539).
11. Bárbara de Habsburgo (30 abril 1539-19 septiembre 1572). Casó con Alfonso II de Ferrara.
12. Carlos de Habsburgo (Viena, 3 junio 1540-Graz, 10 julio 1590). Archiduque de Austria, duque de Estiria, de Carintia, de Carniola. Conde de Goritz y del Tirol. Casó con María Ana de Baviera. Fueron padres de Fernando II, emperador.
13. Úrsula de Habsburgo (24 julio 1541-30 abril 1543).
14. Helena de Habsburgo (7 de enero 1543-5 marzo 1574). Religiosa.
15. Juana de Habsburgo (24 enero 1547-10 abril 1578). Archiduquesa de Austria. Casó con Francisco I de Médici, gran duque de Toscana. Su hija María fue esposa de Enrique IV de Francia.

Desde el año 1526 hasta 1547, cuando nació el último de los vástagos, Ana Jagellón dio a luz quince veces en veintiún años. Seguramente habría tenido más hijos pues murió apenas doblada la esquina de los cuarenta años. Murió al dar a luz a su último hijo, a consecuencia de una infección: las temidas fiebres puerperales.

Juicio crítico sobre el reinado de don Fernando

La política interior de Fernando I de Habsburgo estuvo marcada por la lucha contra los protestantes; en este sentido, Fernando secundó la actitud de su hermano, aunque la formación adquirida en Flandes mientras convivió con la *bonne tante* Margarita, le hizo entrar en contacto de manera directa con el ambiente erasmista y humanista, quizá ello le hizo adoptar en el futuro una postura que, sin profundizar demasiado, ha sido calificada como conciliadora y tolerante, opuesta a la intervención armada.

En realidad, tanto Carlos como Fernando combatieron el protestantismo, pero cada hermano se enfrentó al problema de una manera distinta: cuando en 1547 los bohemios hicieron causa común con los protestantes levantándose contra su señor, Carlos los derrotó; esto dejó a los revoltosos nobles bohemios a merced de Fernando, este, hábilmente, en lugar de declararles la guerra, perdonó a los nobles.

Ya señalamos anteriormente, y no está de más repetirlo, que Carlos intentaba atacar la raíz del problema religioso y Fernando atacaba el problema de manera local según se iba presentando. Es este método el que lo hizo aparecer como más conciliador y tolerante. No hizo ni podía hacer una guerra abierta contra los luteranos, pero sí combatir sus enseñanzas ciudad por ciudad, y en último término admitir algunas peticiones siempre y cuando estas no afectasen al dogma en sí, es decir, a la estructura de la fe.

La responsabilidad de cada hermano era distinta, así que es difícil hacer una valoración en cuanto al espíritu que movía a cada uno.

Tal vez la actitud de Fernando, dado sus medios, fue muy inteligente. Esta actitud quedó ejemplificada en la asamblea de Ratisbona (1524), donde se acordó una primera reforma católica que afectó a la disminución de fiestas de precepto y a la entrega a los príncipes laicos de una quinta parte de las rentas eclesiásticas. Satisfacía a muchos sin herir el dogma.

Otras acciones llevadas a cabo por Fernando, en materia religiosa, fueron la constitución en 1529 de la Unión Cristiana, formada por los cinco primitivos cantones católicos suizos y destinada a combatir el protestantismo; la firma de la Paz de Kadan (1534) con la Liga de

Esmalcalda, por la cual se impedía a la *Reichkammergericht* proceder contra sus propios miembros; la protección a la Compañía de Jesús; la represión de una revuelta organizada en Bohemia en 1547 que pretendía ciertas reformas eclesiásticas; la negociación del Tratado de Passau (1552); los esfuerzos para conseguir que Roma autorizase la comunión bajo las dos especies (1554); diversas acciones encaminadas a atenuar el conflicto religioso mediante la paz de Augsburgo (1555), a la que se oponía su hermano Carlos I y, por último, la defensa de la libertad de conciencia hecha en la reapertura del Concilio de Trento (1562).

La vida de Fernando empezó el 10 de marzo de 1503 en Alcalá de Henares, donde nació, y terminó en Viena, donde murió, en el actual Palacio Imperial (Hofburg) como emperador, a la edad de sesenta y un años, el 24 de julio de 1564 a las siete de la tarde. Su tumba se encuentra en la catedral de San Vito en Praga. Según escribió su hijo mayor Maximiliano II, que asistió a la muerte de su padre, a su embajador Dietrichstein en Madrid: «Su majestad murió mientras dormía, sin dolor; no era más que piel y huesos».

Bibliografía de Fernando I.
Emperador del Sacro Imperio

1. ALVAR EZQUERRA, Alfredo. *Socialización, vida privada y actividad pública de un emperador del renacimiento. Fernando I 1503-1564.* Sociedad Estatal de Conmemoraciones Culturales. Madrid. 2004.
2. *Correspondencia del Cardenal Granvela.* Biblioteca Nacional. Mss./7921/112-129.
3. BELENGUER CEBRIÁ. E. (ed.) *De la unión de Coronas al imperio de Carlos V.* (Actas del Congreso internacional Barcelona del 21 al 25 de febrero 2000). Madrid. 2001. 3 volúmenes.
4. BELTRAN, Antonio. *Introducción a la numismática Universal.* Editorial ITSMO. 1995.
5. EBERHARD, WINFRIED. *Monarchie und Wiederstand Zur ständischen Oppositionbildung im Herrenschaftssystem Ferdinands I. in Böhmen.* Collegium Carolinun Munich. 1985.
6. EGIDIO LÓPEZ, Teófanes. *Fernando I, un infante español emperador.* Universidad de Valladolid. Vicerrectorado de extensión universitaria. Valladolid. 2003.
7. GONZÁLEZ NAVARRO, Ramón. *Fernando I (1503-1564) Un emperador español en el Sacro Imperio.* Editorial Alpuerto S.A. Madrid. 2003.
8. LOPE HUERTA, Arsenio. *Fernando I de Habsburgo.* Editorial Brocar. Alcalá de Henares. 2002.
9. LYNCH, J. *Los Austrias (1516-1598) Historia de España, X.* Ed. Crítica. Barcelona. 1993.
10. MENENDEZ PIDAL., M. *La España de Carlos V, en la Historia de España* de Vol. XX, Espasa Calpe. 1999.
11. OSORIO DE MOSCOSO, A. *Historia del Príncipe Don Fernando que después fue emperador por renuncia de Carlos V. Su hermano* (Biblioteca Nacional de España, ms. 6020).
12. SUTTER FICHTNER, P. *Ferdinand of Austria: the politics of dynasticism in the age of reformation*, New York, Columbia University Press. 1982.
13. VERMEIR, René. *A constellation of courts: the courts and households of Habsburgs Empire. 1555-1665.* Leuven University Press. 2014.
14. ZIEGLER W. (ed.) *Die Kaiser del Neuzeit 1519-1918. Heilige Römischen Reich, Österreich, Deutchland*, Verlag C.H. Beck. München. 1990. (En alemán).

LEONOR (1498-1558).
ARCHIDUQUESA DE AUSTRIA. CASÓ
CON MANUEL I DE PORTUGAL Y
FRANCISCO I DE FRANCIA

Nacimiento y primera infancia. Educación

Fue doña Leonor la hija primogénita de Felipe el Hermoso, archiduque de Austria y duque de Borgoña y de su legítima esposa, la
infanta doña Juana hija de los Reyes Católicos. Nació la archiduquesa
un 25 de febrero de 1498, más o menos al año y medio después del
matrimonio de sus padres.

Los archiduques se habían casado al parecer muy enamorados, tanto
que don Felipe, en cuanto vio a su prometida doña Juana, ni siquiera
quería esperar a la ceremonia oficial para consumar el matrimonio. Ante
las prisas de los contrayentes hubo de oficiar el matrimonio el capellán
de la infanta que viajaba con ella, don Diego Ramírez de Villaescusa, que
los hubo de casar seis días después del encuentro. La ceremonia oficial de
boda de Felipe y Juana se celebró el 20 de octubre de 1496 en la colegiata
de San Gumaro, en la ciudad de Lierre, ofició el matrimonio el obispo de
Cambray y fue la boda tan espléndida y hubo tantas celebraciones, que
los fastos aún permanecen en la memoria de las gentes del lugar[13].

---

13. Para saber más sobre esta boda ver nuestro libro *El trágico destino de los hijos de los
Reyes Católicos*, Ed. Aguilar. 1° Ed. 2008.

Pronto doña Juana quedó embarazada y antes de un año y medio tras la boda, la archiduquesa doña Juana dio a luz en el palacio de Coudenberg en Lovaina. De momento todos habían pensado —porque lo deseaban— que vendría un varón; Felipe, el padre, y el abuelo, el emperador Maximiliano, lo anhelaban vivamente, tanto es así que Maximiliano se había acercado a Bruselas para asistir al bautizo del ansiado heredero, pero se llevó una desilusión pues el esperado varón no llegó y, en cambio, apareció una niña. En cuanto el emperador se enteró de que lo que había nacido no era varón, abandonó sin más el lugar sin siquiera esperar al bautizo de la primogénita.

Tanto el padre como la madre, y con ellos toda la corte, habían querido un niño, un varón para que fuese el heredero de los territorios de los Habsburgo y un (disimulado) desencanto acompañó al nacimiento de la niña a la que se llamó Leonor. Aunque decepcionados, había que dar lustre al nacimiento de un vástago, hacer honor a la familia de la recién nacida y demostrar alegría por la aparición del primer descendiente de los jóvenes archiduques así que, aunque desencantados, el acontecimiento se celebró con toda pompa.

Para deleite del pueblo, el vistoso cortejo de damas y caballeros vestidos con el mayor lujo llegó andando precedidos de música, capiscoles y sochantres desde el palacio archiducal hasta la catedral de Santa Gúdula, en donde la criatura fue solemnemente bautizada como la hija primogénita de los señores archiduques.

Las casas por donde había de pasar el cortejo se habían adornado con colgaduras y tapices y hubo fiestas, luminarias y danzas durante varios días. Había que agasajar a la nueva madre y celebrar, al menos, que la archiduquesa era fértil, que había parido con felicidad y que habría, muy seguramente, muchos más niños por venir. En todo caso, el pueblo deseaba fiestas y fiestas hubo.

El parto había sido rápido y fácil y todos quedaron sorprendidos de esta circunstancia, ya que la madre era primeriza y un largo alumbramiento habría sido lo normal. Lo sucedido fue tomado como una buena señal, en realidad las celebraciones fueron no solo porque la archiduquesa era fecunda sino también porque daba a luz con rapidez y felicidad, ello hacía concebir las mejores esperanzas y era un augurio de otros venturosos nacimientos en años próximos. Sin duda el próximo sería varón.

Mientras tanto, los posibles herederos de los Reyes Católicos iban falleciendo uno por uno: primero el príncipe Juan (que había casado con Margarita de Austria, hermana de Felipe el Hermoso), luego el presunto heredero de Juan, pues Margarita quedó embarazada a la muerte de su esposo, pero el hijo póstumo no llegó a nacer. La siguiente más propincua en la herencia hispana era la infanta hija mayor de los Reyes Católicos, doña Isabel. Esta princesa había casado con el heredero de Portugal, el jovencísimo don Alfonso, el cual desgraciadamente murió muy pronto a consecuencia de una caída de caballo antes de heredar la corona. Aunque la infanta, triste y enlutada, volvió a su casa en Castilla y manifestó no tener deseos de una nueva boda, se le dijo que una infanta se debía a la Corona y que aunque se le diera tiempo para reponerse de su pena, habría de casar de nuevo si ello era conveniente para el reino.

Un nuevo enlace con Portugal parecía conveniente, el sucesor del difunto Alfonso era don Manuel, y al ofrecérsele una infanta de Castilla como esposa, no escogió a la esperada, sino que se decantó por la viuda de Alfonso, nuestra doña Isabel, quien había dejado tan buena memoria entre los portugueses que la prefirieron a cualquier otra princesa. La infanta fue casada en segundas nupcias con el nuevo heredero de la Corona portuguesa: el rey Manuel a quien la historia llamó el Afortunado. Esta pareja tuvo un hijo, Miguel, el cual en principio aunaría en su cabeza las Coronas de Portugal, Aragón y Castilla, más todas las tierras de Ultramar de todos esos reinos; una herencia deslumbrante. Pero la madre, doña Isabel, murió en el parto y el pequeño príncipe, del que tanto se esperaba, murió antes de cumplir dos años.

Muertos todos los anteriores herederos de los Reyes Católicos, le llegó el turno de heredar Castilla, Aragón y demás territorios, incluyendo los de ultramar, a doña Juana y a través de ella al archiduque don Felipe, y luego a sus hijos, nietos de los Reyes Católicos.

Volviendo a nuestra doña Leonor, tres años tenía esta cuando sus padres los archiduques, hubieron de viajar a Castilla para ser jurados príncipes de Asturias. Con esa ocasión doña Isabel de Castilla, abuela de la criatura, había manifestado su deseo de que la niña viajase con sus padres, no solo para conocerla sino también con la intención de que se quedase, al menos por un tiempo, en España y aprendiese su lengua y costumbres ya que sus padres serían los legítimos reyes de estas tierras a no mucho tardar.

El archiduque era receloso y no estuvo de acuerdo, por tanto no satisfizo la petición de la abuela materna y Leonor no viajó con sus padres. Tampoco lo hizo cuando, cuatro años más tarde, los archiduques regresaron a Castilla en 1506, a pesar de que entonces ya tenía siete años. Como en la anterior ocasión se quedó bajo los cuidados de su tía Margarita, junto a su hermano Carlos a quien quería tiernamente. De ese segundo viaje, no retornaron sus mayores. Su padre, Felipe, murió (septiembre de 1506), y su madre Juana quedó enajenada o, al menos, eso se dijo[14], y terminó prisionera en una torre de donde nunca más salió a la libertad.

El abuelo de los hijos de Juana y de Felipe, el emperador Maximiliano de Austria, decidió nombrar a su hija Margarita regente de los Países Bajos y tutora de sus sobrinos Carlos (V), Leonor, Isabel y María; los otros, Fernando y la más pequeña de las niñas, Catalina, nacida en España, quedaron en España, la niña con su madre en la torre en donde estaba recluida y el niño con su abuelo don Fernando de Aragón.

Aunque no es este el lugar para hablar de Margarita de Austria, a quien sus sobrinos llamaban *bonne tante* Margarita, digamos simplemente que esta dama fue la única madre que conocieron Carlos, Leonor, Isabel y María, ella los crio como a sus propios hijos y les dio educación propia de príncipes.

---

14. Ver nuestro libro *El trágico destino de los hijos de los Reyes Católicos*. Ed. Aguilar, 2007.

Maximiliano le encomendó la tutela de los niños y el gobierno de los Países Bajos y ella cumplió con su encargo y gobernó con tacto y sabiduría los territorios a ella encomendados y cuidó de sus sobrinos como si fuera su madre verdadera.

La tutora, como hemos dicho, veló por la educación de los reales niños a ella encomendados, uno de los maestros de su entorno fue Luis Vives; en todos los sentidos se puede decir que la corte de la tutora era una corte brillante y renacentista, frecuentada por pensadores de la talla de Tomás Moro, Erasmo de Rotterdam, y por artistas como el músico y compositor Pedro Alamire.

También frecuentaban esa corte otros personajes como el gran pintor y dibujante Durero, el músico Jacobo Obrecht, o Mercurino Gattinara, consejero de Margarita, que había estudiado leyes y era político, humanista y cardenal, así como otros humanistas de no menor valía.

Es fama que en ese siglo doña Margarita[15] fue una de las mujeres más inteligentes de la realeza europea, junto con Ana de Bretaña, Luisa de Saboya y Catalina de Aragón[16]. En este ambiente, creció la archiduquesa Leonor y, como sus hermanas y su hermano Carlos, fue educada para ocupar altos puestos en el futuro.

El tiempo en el que le tocó vivir a Leonor de Habsburgo (1498-1558)

En términos generales, el siglo XVI, sobre todo en su primera mitad, es el siglo del auge español, es el siglo mediatizado por la acción

---

15. Para saber más sobre doña Margarita de Habsburgo, *bonne tante Margarita*, consultar en esta misma colección nuestro libro: *Las damas más inteligentes del siglo XVI*. Ed. Casiopea, abril, 2018. Madrid

16. Para saber más sobre Catalina de Aragón, ver nuestro libro *El trágico destino de los hijos de los Reyes Católicos*. Ed. Aguilar, 2007.

de Carlos V (y más tarde por Felipe II) y en general por la Casa de Austria. Por otro lado, el siglo XVI es el siglo en que se desarrolla y expande el Renacimiento y prospera el humanismo cristiano. Se renueva el lenguaje artístico y se difunde la cultura clásica. Se continuaron los descubrimientos geográficos y se predicó el cristianismo en las tierras descubiertas allende los mares. Guerras aparte, es un siglo en el que hay un fuerte incremento de las actividades industriales, hay grandes intercambios entre las ciudades tanto de productos básicos como elaborados (sedas y encajes de malinas, especias, tintes, libros, armas, etc.). La necesidad de obtener materias primas o materias preciosas por la creciente demanda fue un acicate para buscar nuevas tierras y, por tanto, para la navegación de altura. El comercio y el intercambio son apreciados como fuente de riqueza y de cultura.

Los grandes comerciantes suben en la escala social y son distinguidos como príncipes en muchos lugares, pero también es el siglo en que se desarrolla la piratería, los bandidos del mar, sobre todo otomanos, que llegan a poner en jaque al comercio y la pacífica navegación en el Mediterráneo e inclusive en el Atlántico, en este caso por la acción de los piratas ingleses.

El Imperio turco disputa a los cristianos el poder en el mar Mediterráneo por mar y tierra acosando sus límites orientales. El Gran Pachá, Solimán el Magnífico, intenta penetrar en Europa y presiona en sus fronteras para apoderarse de territorios como expansión al Imperio Otomano.

Otra característica del siglo es el cambio de mentalidad en el aspecto de la piedad del individuo, lo que finalmente desembocará en las guerras de religión. En España, se usa la Inquisición no solo como arma contra la herejía, sino como arma política; lo cual hace a España no solo temida, sino también odiada en sus dominios de los Países Bajos, y contribuye a expandir la leyenda negra.

El emperador Carlos es el adalid de los cristianos. Carlos concentró una herencia de cuatro dinastías: Habsburgo, Borgoña, Aragón y

Castilla, en principio todos ellos católicos. Para asegurar su predominio, Carlos usó de sus hermanas como piezas de ajedrez para colocarlas en sitios estratégicos para los Habsburgo. A partir del erasmismo los cristianos empiezan a pedir una iglesia renovada, más simple y una relación con Dios más directa, sin intermediarios, cosa que al fin, con Lutero, desembocará en discordias entre los distintos territorios, levantamientos de orden más político que religioso: son las llamadas guerras de religión que sangraron a Europa durante decenios. Esta es la Europa, a grandes rasgos, en la que en el futuro, en alguno de sus reinos, habría de gobernar doña Leonor.

Política en el siglo XVI. Grandes cambios. Preponderancia española

Todas las novedades que hemos mencionado favorecieron grandes cambios en las ideas políticas, la figura del monarca disputa el poder terrenal frente a la iglesia. El pensador Bodino sostuvo la necesidad de crear un poder fuerte que respondiera solamente ante Dios. No era nueva la idea de una renovación, desde el siglo xv habían abierto camino corrientes espirituales. Sin duda, un Hermano de la Vida en Común llamado Thomas Kempis, cuya primera influencia espiritual procede de Radewijns, es el máximo exponente de esta corriente. Con su libro titulado *La Imitación de Cristo* escrito hacia 1425, influyó en los siglos siguientes sobre los grandes ascetas cristianos del mundo, católicos y protestantes.

En el siglo XVI, en Europa, se pretende —cosa que habían intentado, y parcialmente conseguido, los Reyes Católicos— disminuir la influencia y el poder de los nobles, que en la práctica competían con el rey en poder y riquezas, sometiéndolos a la autoridad del soberano. Se persigue hacer de los levantiscos nobles una nobleza cortesana que le deba todo al monarca, al tiempo que los puestos de confianza se otorgan a la pequeña nobleza o a los burgueses con preparación universitaria, prescindiendo de los nobles que hasta entonces habían ocupado los puestos aledaños al poder.

Como reacción de la nobleza contra los esfuerzos de sometimiento al monarca, sobre todo en Centro Europa, se difunde la doctrina de que cada príncipe era soberano dentro de su territorio y no debía obediencia a nadie; ambas teorías antagónicas, centrífugas y centrípetas, no tardarían en chocar con el pretexto de las guerras de religión.

Finalmente, en el siglo XVI, aparecen las monarquías absolutas, inicio de los estados modernos, donde el poder se concentra en las manos del rey, frente a la monarquía medieval, donde el poder real se veía limitado por la nobleza, por los gremios y por las ciudades.

Para unificar los territorios de las diferentes monarquías, muy a menudo se acude a los matrimonios de hijos de los reyes, otras veces por medio de guerras se obliga a los territorios a unirse bajo un soberano victorioso. Es un siglo que ve el desarrollo de la diplomacia, el espionaje y el ejército moderno y profesional. Se fijan las urbes que han de ser la residencia del rey con lo que estas poblaciones se consolida como la capital del reino o estado, con el consiguiente desarrollo del urbanismo, la arquitectura (plazas, catedrales, conventos, conducciones de agua y alcantarillas), los mercados con su acopio de productos y circulación monetaria y muchas otras actividades ligadas a la ciudad moderna.

La administración del estado se complica y los burgueses acuden a las universidades para prepararse, ya no es necesario solo ser noble para ocupar un alto puesto en la administración, es necesario *saber*, estar preparado, con esto la movilización social se activa. Los nobles, al ver que los altos puestos se escapan de sus manos para ir a manos de otros menos nobles, pero más preparados, acuden también a educarse y hay escuelas solo para nobles o actividades que se consideran nobles *per se*; por ejemplo: la milicia, la diplomacia, etc. Todo ello ayuda a elevar la cultura y la instrucción en todas las clases sociales.

Siguiendo el postulado de que el hombre es la medida de todas las cosas, en el siglo XVI los estudios de teología dejan de ser los más importantes en las universidades y se desliga la política de la teología. En cierto modo, se *seculariza* el saber, y no es que se prescindiera de Dios, sino que se busca a Dios por medio de la inteligencia y no por medio de la fe y del misticismo como fuente de conocimiento. Ya no basta con decir «Doctores tiene la iglesia que le sabrán contestar», la llamada fe del carbonero; ahora el hombre quiere *entender*, no quiere aceptar a un Dios inaprensible. Los libros sagrados están ante el hombre y este se decide a estudiarlos y sacar sus propias conclusiones.

Finalmente, en Europa Occidental se consolidaron tres grandes monarquías: la española, la francesa y la inglesa, convirtiéndose la primera en la potencia hegemónica. En España, la monarquía había consolidado una administración, una hacienda y un ejército propios, aunque los distintos territorios mantuvieron sus instituciones tradicionales: las Cortes.

El XVI es el siglo en que España, junto con Portugal, exploró y colonizó una buena parte del territorio americano, extendiéndose su imperio desde California hasta el sur de Chile.

El viaje como parte de la formación humanista en el siglo XVI

La curiosidad y el afán por acceder a la cultura clásica y a nuevas formas de conocimiento impulsaron de nuevo el viaje académico y la *peregrinatio* de los humanistas durante el Renacimiento a partir del siglo XVI. Se puede afirmar que las primeras décadas del siglo XVI fueron la edad de oro de los estudiantes viajeros, que llega a su punto de inflexión en la segunda mitad del siglo XVI.

En este sentido, se hace casi imprescindible viajar a Italia: el *iter italicum* se convierte en esencial para cualquier «aspirante a humanista»; los jóvenes ingleses, alemanes, holandeses, españoles y portugueses realizaban la peregrinación académica e intelectual hacia las fuentes del humanismo en las universidades italianas (Bolonia, Padua, Pavía, Siena y Pisa, y aun Ferrara y Perugia).

De hecho, los estudiantes procedentes de los reinos de la península ibérica y el Sacro Imperio tenían un punto de encuentro en las universidades italianas y compartieron pupitres en este *iter italicum*. En Pisa y Florencia cerca del 40 % de los estudiantes extranjeros eran españoles y portugueses, y el siguiente grupo en importancia eran los estudiantes de origen alemán, que suponían el 23 %.

Este panorama creativo, revuelto y poderoso es el que rodeó a la archiduquesa Leonor desde su nacimiento, ella fue reina de Portugal y vivió en primera persona este panorama, su circunstancia, su *umwelt*, como dicen los alemanes y repite Ortega, es decir, el fondo, la circunstancia vital del mundo que nos rodea.

Educación de la Archiduquesa

En la corte de Maximiliano de Austria, se seguía una política antifrancesa, exceptuando el heredero de Maximiliano, Felipe el Hermoso, que era abiertamente profrancés y que inclusive llegó a hacerse vasallo del rey de Francia, Luis XII, en cuanto que Felipe era duque de Borgoña y enfeudó su ducado al rey de Francia.

En realidad, el doble matrimonio de Juan de Castilla (heredero de los Reyes Católicos) con Margarita de Austria y el de la infanta Juana con Felipe de Austria (heredero de Maximiliano, el emperador del Sacro Imperio) había sido concertado por los respectivos padres para ceñir a Luis XII en un círculo de hierro e impedir su crecimiento en Europa. No fructificó este intento porque el príncipe Juan falleció y Felipe de Habsburgo se aproximó aún más al rey de Francia, deshaciendo así el intento del emperador, su padre, y también el de los Reyes Católicos, de anular el creciente poder de Francia.

En todo caso, la corte de Maximiliano era una corte renacentista, cultivada, elegante y sofisticada. Sin tener guerras en las que gastar sus energías, los habitantes de sus territorios se habían dedicado al buen vivir, a la música, el comercio y el amor. Los españoles que fueron a la corte borgoñona se perturbaron a la vista de sus costumbres; para ellos, acostumbrados a la severidad de la corte española, era todo escandaloso. «Se dedican más a beber que a vivir», fue el comentario más benévolo que se les ocurrió.

Como quiera que fuese, por esta corte refinada pasaron los humanistas más renombrados y los más famosos artistas contaron con la protección de Maximiliano: Tomás Moro, Erasmo de Rotterdam, Pedro Alamire, Mercurino Arborio de Gattinara, Alberto Durero, Luis Vives... para la educación de los más jóvenes había además un organista de cámara, Henri Bredemerst y un profesor de castellano (enviado por Fernando de Aragón): Luis Vaca que, por cierto, fracasó totalmente en sus enseñanzas.

La archiduquesa Leonor gustaba de la música y bajo la tutoría de Bredemerst había aprendido, como sus hermanas, a tocar el monocordio (una especie de espineta), instrumento musical que también Carlos apreciaba mucho y llevó consigo cuando pasó a España, asimismo la princesa sabía tocar el órgano además de la ya mencionada espineta.

Todo este ambiente rico y renacentista influyó en la formación de Leonor y la preparó para su futuro papel de reina de algún país, aunque aún no se sabía cuál. Era hija de una estirpe eminente y estaba destinada a altos fines. Sería reina de algún país y para ello se la preparó cuidadosamente.

Pretendientes a su mano.
Primera boda con Manuel el Afortunado

Dado su alto linaje, pues era la nieta mayor del emperador del Sacro Imperio, Maximiliano, también porque era hermana de Carlos, y porque estuvo dotada en su juventud de una notable belleza, nunca faltaron candidatos a la mano de Leonor. En todo caso, su físico no importaba demasiado, era codiciada por su lugar en la política imperial. En un principio, cuando era todavía una niña, se pensó en casarla con el que luego sería Enrique VIII de Inglaterra. No era este entonces el príncipe heredero, pues lo era Arturo, príncipe de Gales, que era el hermano mayor; así que tras pensarlo mejor se desdeñó este enlace pues no era suficientemente importante para tan alta dama. Nadie podía prever que Enrique sería el rey de Inglaterra tras la muerte de Arturo por el llamado «mal del sudor».

Luego se pensó en distintos enlaces: Luis XII, Francisco I, ambos de Francia, e inclusive con el rey de Polonia: Segismundo I Jagellón. En 1510, se especuló para ella una boda con el duque de Lorena, Antonio de Vaudemont (1489-1544) hijo del duque René de Lorena y de Felipa de Güeldres, quien finalmente se casó con Renata de Borbón-Montpensier.

Ninguna de estas bodas se llevó a cabo y finalmente, aun soltera, la archiduquesa viajó a España con su hermano Carlos cuando, en 1517, este vino a hacerse cargo de su herencia española. Cualquiera que fuese el escogido podía considerarse afortunado si lograba entroncar con tan poderosa y elevada estirpe.

Por aquel entonces, parece que Leonor mantuvo una encendida correspondencia epistolar con Federico III, elector palatino.

Se dice que Carlos halló una misiva amorosa de Federico dirigida a Leonor, indignado Carlos obligó a su hermana y a Federico del Rin a jurar por separado que no se habían casado en secreto ni mantenido relación alguna.

Luego hubieron de prometer que renunciaban conjuntamente al matrimonio entre ellos y no contento con ello expulsó de la corte al joven y enamorado aspirante. Este romance de Leonor con el elector palatino enojó tanto a Carlos que pensó en la conveniencia de casar a su hermana sin más dilación.

Años atrás se había pensado en una boda de Leonor con el príncipe heredero de Portugal, el futuro rey Juan III, aunque finalmente casó con el padre de este, su tío y el padre del heredero, Manuel I de Portugal (1469-1521), quien se había quedado viudo de dos esposas anteriores: ambas tías de Leonor[17], Isabel y María de Aragón. La boda de Leonor de Habsburgo con el rey Manuel el Afortunado se efectuó por poderes el 16 de julio de 1518. En número redondos el rey portugués rondaba los cincuenta años y la contrayente veinte.

La idea de Carlos al casar a su hermana con el rey portugués era que ella impidiese cualquier ayuda de parte de Manuel ante una posible rebelión o levantamiento en Castilla. Colocaba una aliada fiel junto a un posible adversario. Por otro lado, Portugal era un reino próspero y en expansión. Los motivos aducidos para esta unión fueron que se realizaría el casamiento «por ser costumbre inviolablemente observada entre las dos coronas de Portugal y Castilla que se aliasen mutuamente con los indisolubles vínculos de los desposorios para que fueran tan unidos los afectos como colindantes los dominios».

Al casamiento que se celebró por poderes asistieron junto con la corte, el rey Carlos, el embajador de Portugal, Álvaro da Costa, que representaba a la persona del rey de Portugal en la ceremonia, la reina viuda del rey de Aragón, Germana de Foix. El embajador leyó un comunicado que empezaba así: «Yo, don Manuel I de Avís, por la gracia

---

17. Para saber más sobre estas bodas, ver nuestro libro *El Trágico destino de los hijos de los Reyes Católicos*. Editorial Aguilar. 2007.

de Dios, Rey de Portugal y de los Algarves, aquende y allende del mar de África, señor de Guinea y de la Conquista, navegación y comercio de Etiopía, Arabia, Persia y de la India, tomo y acepto por esposa a doña Leonor de Habsburgo y Trastámara, Archiduquesa de Austria, e infanta de España...».

En 1518, para dirigirse a Portugal pasó la princesa por Extremadura, dando ocasión a los lugareños de ver pasar el cortejo de la hermosa novia del rey del país vecino. Por entonces, se murmuraba que era insólito que tan hermosa joven de veinte años permaneciese aun soltera, toda vez que tenía edad más que de sobra para estar casada, tanto por su alcurnia como por su importancia y belleza. Fue su hermano el que la había hecho esperar a un pretendiente que él considerase adecuado y finalmente escogió al, dos veces, viudo rey de Portugal como consorte de su hermana mayor. Sin embargo, don Manuel, aunque por razones políticas consintió en este enlace, no deseaba particularmente contraer nuevo matrimonio, sería el tercero y rondaba ya la cincuentena, en realidad era hombre piadoso y su deseo era retirarse del mundo y abrazar la vida religiosa.

De su primera esposa, Isabel, había tenido don Manuel a un hijo, Miguel, que, como ya explicamos anteriormente, habría reunido en su cabeza las Coronas de Aragón Castilla y Portugal más todas las tierras de allende el mar tanto portuguesas como hispánicas. Desgraciadamente el infante murió antes de cumplir dos años dando al traste con tanta esperanza de grandeza. De su segunda esposa, doña María (hermana de la anterior reina, Isabel) tuvo el rey diez hijos, lo cual aseguraba que el trono de Portugal no quedaría sin heredero al trono. Leonor, sobrina carnal de las dos anteriores, sería la tercera. Habiendo atravesado Extremadura, la princesa pasó por Valencia de Alcántara para entrar en su nuevo reino por un lugar denominado Castelo de Vide, allí no encontró, como esperaba, al nuevo esposo, que, desganado, no había mostrado ningún interés por reunirse con la novia. Desilusionada la archiduquesa marchó hasta Ocrato en donde finalmente halló al marido portugués.

Todo iba despacio, con calma portuguesa, que es más tranquila que la española: es muy parsimoniosa, reposada y apacible. El cortejo procedió, naturalmente con sosiego, a iniciar su recorrido, muy despacio, hacia Lisboa, en donde se ratificó la boda el 7 de marzo de 1519. Pronto la joven esposa tuvo un hijo, el infante don Carlos que murió muy joven y al poco tiempo una niña a quien pusieron de nombre María (1521-1577). También en 1521, a consecuencia de la peste, falleció Manuel el Afortunado, tenía el rey portugués poco más de cincuenta años, su último matrimonio solo había durado dos años.

De momento, la reina viuda quedó en la corte lusa junto al hermanastro de su hija María, Juan III. Pronto empezó a correr por Europa el rumor de un matrimonio entre la viuda y el heredero de la Corona lusa, inclusive el embajador de Polonia en Lisboa habló, en una carta a sus señores, de un hipotético embarazo de doña Leonor. Para cortar de raíz este rumor la reina viuda regresó junto a su querido hermano Carlos, dejando atrás en la corte lusa a su hija, María, que aún no tenía un año de edad, cosa que esta nunca le perdonó. Doña Leonor intentó muchas veces, aun con la intervención de su hermano Carlos, que Juan de Portugal permitiese a María abandonar la corte lusa para que viviese junto a ella, cosa que el rey no permitió hasta muchos años más tarde cuando el resentimiento de la infanta para con su madre, era ya irreversible.

Finalmente, el rey Juan III de Portugal casó con la hermana menor de Leonor, Catalina de Austria, cuya historia relataremos luego.

Antecedentes a la segunda boda de Leonor

En el primer tercio del siglo xvi, Francia, como ya comentamos, se veía rodeada por los territorios de Carlos V; Francisco I se sentía amenazado y envidiaba a Carlos porque además de su poder y prestigio como emperador del Sacro Imperio (1519), el auge y la actividad de Carlos ponían a la monarquía francesa, según su rey Francisco I, en un lugar más bajo, inferior al que le correspondería en el concierto de las naciones europeas.

En todo caso, Francisco lo envidió mortalmente y por ello siempre rivalizó con Carlos porque deseaba para sí su poder y triunfos; durante toda su vida el soberano francés se aplicó a combatir al emperador e intentar destruirlo o al menos rebajarle su autoridad y prestigio

Para ello no dudó nunca en faltar a su palabra, engañar al contrario, jurar en falso e, inclusive, hacer pactos con el enemigo de la cristiandad, el poder otomano.

Todo era válido con tal de que sirviese a sus fines de minar o, mejor, de destruir al rey emperador. Tuvo Francisco I la idea de anexionarse el territorio en litigio entre él y Carlos: el ducado de Milán, más conocido por el Milanesado[18].

A causa de este importante territorio ambos reyes mantuvieron una serie de contiendas. El primer encuentro tuvo lugar en Bicoca y terminó con una aplastante victoria para las armas españolas, constituidas principalmente por los famosos Tercios.

La segunda batalla se libró en Sessia, el francés, escarmentado por lo sucedido en Bicoca, envió esta vez un ejército de 40 000 hombres, que fueron igualmente rechazados. El marqués de Pescara, Fernando de Ávalos y Carlos III de Borbón (aliado del emperador) invadieron la Provenza, pero tras la invasión perdieron tiempo y esto permitió al rey Francisco I acudir con refuerzos hasta Aviñón; ante este inesperado giro de la situación los imperiales hubieron de retirarse. No por esto

---

18. En 1499 Milán fue conquistada por Luis XII de Francia, hijo del duque de Orleans que era legítimo heredero del ducado. El dominio francés se mantuvo con intermitencias hasta 1529, año en que se produce la renuncia francesa al ducado de Milán y la restitución de nuevo de los Sforza hasta 1535. En ese año de 1535, Francisco II Sforza muere sin herederos, el Milanesado se incorpora al Imperio Español, aunque se suceden varias guerras entre Francia y España por la anexión del ducado. Incorporado definitivamente al Imperio, en 1540 fue cedido por Carlos V como feudo a su hijo Felipe II.

Francisco dio por terminada la acción. El 25 de octubre de 1524 el propio rey Francisco I cruzó los Alpes y a comienzos de noviembre entró en Milán después de haber arrasado varias plazas fuertes.

Las tropas españolas evacuaron Milán y se refugiaron en Lodi y otras plazas fuertes. Un total de 1000 españoles, 5000 lansquenetes alemanes y 300 jinetes pesados, mandados todos ellos por Antonio de Leyva, se atrincheraron en Pavía. Los franceses sitiaron la ciudad con un ejército de aproximadamente 30 000 hombres y una eficaz artillería compuesta por cincuenta y tres piezas.

En la sitiada ciudad, Antonio de Leyva se organizó para resistir con solo 6300 hombres, mientras, Francisco, decidido a que no se repitiese la humillación de Bicoca, retiraba todos sus ejércitos de distintos puntos de Francia para concentrarlos en el sitio Pavía. Esta vez no sería vencido, saldría glorioso y triunfante o, al menos, esa era su intención última. Entre los sitiados, cundía el desánimo, sobre todo entre los soldados que no recibían su paga, pues eran mercenarios y luchaban por su dinero. Los oficiales empeñaron sus efectos personales para poder pagar algo al menos y esto animó a los hombres a seguir luchando a pesar de no recibir la remuneración estipulada. Con este ánimo, la ciudad resistió y finalmente llegaron a Pavía los refuerzos de los imperiales: 13 000 infantes alemanes, 6000 españoles y 3000 italianos con 2300 jinetes y diecisiete cañones; el 24 de febrero los refuerzos abrieron fuego, mientras los franceses solo esperaban que la mala situación de los sitiados terminaría con la resistencia pues serían pronto víctimas del hambre. Los refuerzos salieron a encontrarse con los sitiadores y formaciones de piqueros flanqueados por la caballería comenzaron abriendo brechas entre las filas francesas. Los soldados de los Tercios, los lansquenetes, formaban escuadrones de manera compacta, con largas picas protegiendo a los arcabuceros. De esta forma, la caballería francesa caía al suelo antes de llegar incluso a tomar contacto con la infantería. En ese momento, la artillería francesa se hizo inútil, pues de disparar caerían sus propios hombres. En ese momento,

Leyva y sus hombres, los que estaban atrincherados en Pavía, salieron en tromba a reforzar la acción de los hombres imperiales, y aunque agotados y hambrientos probaron que era aún una considerable fuerza de combate.

Al final, las bajas francesas ascendieron a 8000 hombres. El rey de Francia y su escolta combatían a pie, intentando abrirse paso. De pronto, Francisco I cayó y, al erguirse, se encontró con un estoque español en su cuello. Un soldado de infantería, lo hacía preso. Los que lo apresaron no sabían a quién habían apresado, pero por las vestimentas supusieron que se trataría de un gran señor e informaron a sus superiores. Aquel cautivo resultó ser el rey de Francia. No entraremos en las vicisitudes de la prisión de Francisco I, preso en la llamada Torre de los Lujanes, sino que diremos simplemente que finalmente el francés (1526) firmó la Paz de Madrid, renunció al Milanesado (motivo de la guerra) así como a otros territorios: Nápoles, Artois y Borgoña.

Por el Tratado de Madrid, firmado en 1526, y como prenda de paz, Leonor quedaba comprometida en matrimonio con Francisco I, con esto se pensaba establecer un armisticio sólido y estable con Francia tal y como se acostumbraba entre las naciones y sus reyes en aquellos tiempos. Un enlace entre familias parecía ser el método más corto para asegurar la paz duradera mediante la buena voluntad de los contrayentes.

Como adelantamos, Carlos había llamado junto a sí a su hermana Leonor para acallar los rumores de una boda entre ella y el heredero de Portugal, cosa totalmente imposible pues por haber estado Leonor casada con el padre de Juan su parentesco era en primer grado (era su hijastro) según la Iglesia y, por tanto, un matrimonio con el hijo del primer marido era considerado incestuoso e inadmisible.

Leonor acudió a la corte de su hermano a quien amaba en extremo y a cuyo lado se hallaba complacida y satisfecha. Consideraba la archiduquesa que ya había cumplido su deber para con la Corona casando con el rey Manuel de Portugal y, aunque hizo saber a Carlos que era reacia a una nueva boda, pronto el César estuvo cavilando cómo casar a Leonor con provecho para el Imperio y para él mismo. Tras firmar el

Tratado de Madrid, el emperador creyó llegado el momento de disponer un nuevo matrimonio útil para él y para su hermana, que pasaría a ser reina de Francia y prenda de una paz duradera.

Doña Leonor había sido famosa por su belleza, pero con el transcurrir del tiempo una enfermedad hizo presa de la otrora bella mujer y poco a poco perdió su lozanía, estaba afectada de elefantiasis. En esta enfermedad se obstruye el sistema linfático y la linfa extravasada hincha enormemente alguna parte del cuerpo, especialmente las piernas que se dilatan y toman forma cilíndrica, de ahí su nombre algo descriptivo: elefantiasis. En resumen, Leonor había perdido su atractivo como joven casadera.

Ya antes de prometerla a Francisco I, su hermano había hecho un intento de casarla con el duque de Borbón, Carlos III, una alianza entre los poderosos Borbones de Francia y la Casa de Austria, pero el matrimonio nunca llegó a efectuarse, ahora Carlos vio la ocasión de casarla con utilidad para el Imperio y para hacer la paz entre dos naciones enemigas, así que, tras el Tratado de Madrid, Leonor quedó prometida al rey de Francia. Seguramente Francisco I se vio obligado por las circunstancias a firmar tal compromiso de boda, pero en realidad no tenía ningún interés en desposarla, ni siquiera tenía interés por conocerla. Este matrimonio fue estrictamente político.

A pesar de que él había organizado esta boda, Carlos, desde el principio había desconfiado de las intenciones de Francisco; en la breve entrevista que tuvieron los esposos después de la boda, no había permitido a Francisco consumar el matrimonio, tras este encuentro el francés se despidió.

Ella, tras la boda se había dirigido a Vitoria, desde donde esperaba que su nuevo esposo la mandara llamar para ocupar su trono como reina de Francia, cosa que no sucedió.

Tal y como Carlos se había temido el emperador Francisco no cumplió su palabra, la reina se quedó en España y Francisco I, como solía hacer, faltó a su compromiso e incumplió los términos del Tratado de Madrid reanudando al poco tiempo las hostilidades con Carlos V, y no fue hasta que años más tarde se firmara la Paz de las Damas, 1529, cuando finalmente Leonor se trasladó a Francia para ocupar su puesto de reina legítima.

El 31 de mayo de 1531 Leonor fue coronada en Saint-Denis como reina de Francia. En honor a la verdad, si el rey siempre fue frío con ella, no lo fue el pueblo ya que Leonor fue recibida con muestras de afecto y alegría pues representaba para el país, cansado de guerras y campañas, el símbolo de una paz esperada y duradera con el emperador. Fue el condestable Montmorency el que así la presentó al pueblo de Francia y así fue recibida: una dama bondadosa que era preciada prenda de paz. Pero el caso es que la boda de su hermana Leonor con el de Francia, finalmente, no llenó las expectativas de Carlos pues el francés siguió con su vida disipada ignorando a la reina y luciendo en la corte a su *maitresse*, la duquesa d´Etampes, la hermosa Anne de Pisseleu d'Heilly, que para mayor afrenta fue adjudicada al servicio de la reina ya que había sido nombrada aya de los hijos del rey.

Leonor, aunque encumbrada y enaltecida, en teoría, como la reina efectiva, no tenía la menor influencia con su marido que ni siquiera la visitaba con frecuencia, inútil es decir que el matrimonio no tuvo descendencia.

Sabedora de que el emperador había esperado más de aquel matrimonio y sintiéndose algo culpable de no tener influencia alguna que pudiera ejercer en favor de su hermano, la reina Leonor procuró ser piadosa y discreta y no dar motivo de escándalos o habladuría alguna. El rey Francisco, debemos decir, siempre le demostró respeto en público, pero nada más.

No se puede decir que fuese un matrimonio dichoso ni siquiera soportable, como eran otros muchos entre miembros de la realeza.

Pocas actuaciones tuvo Leonor en favor de su hermano o de su marido ya que nunca tuvo ningún poder político, como mucho su esposo la utilizó como contacto entre Francia y el Sacro Imperio, la reina estuvo presente en las negociaciones de paz (una vez más) entre Carlos y Francisco en Aigues-Mortes en 1538. En 1544, visitó a su hermano en Bruselas y se le encomendó la tarea de mediar entre Carlos y su hermana María. Todo ello poco significativo vista la importancia de los sucesos en Europa durante esos años.

Leonor viuda por segunda vez

Francisco I tenía cincuenta y tres años cuando falleció, los últimos dos o tres años de su vida los pasó en sus varios palacios, la mayor parte del tiempo entre fiestas y diversiones que le proporcionaban sus nobles y amantes. Empezaba a aburrirse de tanto festejo y preparaba una nueva campaña contra Carlos V cuando le llegó la muerte al rey francés. En 1547, desaparecido el esposo, Leonor quedó viuda por segunda vez cuando aún no había cumplido los treinta años.

Al morir su real marido, Leonor abandonó Francia al año siguiente (1548) pues no se hallaba cómoda en la corte francesa: no tenía hijos y su hijastro, ahora rey Enrique II, nunca le había demostrado simpatía, por ello abandonó Francia y se incorporó de nuevo a la corte de su bienamado hermano Carlos, instalándose en los Países Bajos, en donde se reunió con su hermana María de Hungría, y la también viuda a la sazón, Leonor, que como María, era mujer culta y piadosa, una vez en Flandes, patrocinó la impresión en castellano del libro de Job y de otros textos sagrados que llamaban a la paciencia y al arrepentimiento.

Liberada de sus obligaciones en Francia, fue entonces cuando, con mayor ahínco, doña Leonor intentó que Juan de Portugal permitiese a su hija María vivir con ella, cosa que no consiguió pues el luso no dio su beneplácito.

En 1555, Carlos presentó su abdicación oficial en Bruselas y su hermana, Leonor, estuvo presente. Menéndez Pidal dice que «la abdicación de Carlos V es una de las grandes jornadas de la historia, comparable con la muerte de Julio César...». Vino el César al solemne acto acompañado de sus familiares y servidores. Allí estuvo don Felipe, su heredero, al que ya empezaban a mirar con recelo en los Países Bajos. Allí estaba María, su hermana, que tan bien le había servido en los gobiernos que él le había encomendado. Allí Leonor, su amada hermana mayor que lo ha seguido y que siempre volvió a él en cuanto pudo. Solo Isabel faltaba (de quien hablaremos luego en el libro), la muerte se había llevado hacía más de veinte años a la que fue reina de Dinamarca Noruega y Suecia. Alguien a quien Carlos esperaba no asistió, su hermano Fernando, el rey de romanos, que no se dejó convencer por las constantes y afligidas llamadas del emperador. La presencia de Filiberto de Saboya y de los caballeros del Toisón de Oro, no consuelan al soberano de esta ausencia.

Tras la renuncia de su hermano, Leonor, como había hecho en repetidas ocasiones, decidió seguirlo a dondequiera que fuese, así que ella y su hermana María vinieron España cuando lo hizo Carlos. El 15 de septiembre de 1556 embarcaron en Flesinga rumbo a Laredo, a donde llegaron el 28 del mismo mes. Por un tiempo, Leonor y su hermana María de Hungría vivieron en Guadalajara, en el palacio del Infantado, hermoso y rico edificio (en donde en 1560 Felipe II contraería matrimonio con Isabel de Valois). Se juzgó la mansión digna de las reinas porque desde finales del siglo xv el monumento lucía en todo gótico esplendor, cuajado de artesonados de incalculable valor y de riquezas artísticas e históricas, pero el duque del Infantado, aunque manifestó estar honrado en recibirlas y alojarlas, no les hizo sentir bienvenidas con lo que las princesas, acostumbradas a ser mimadas y agasajadas en todas partes, finalmente, abandonaron Guadalajara.

Una amargura tenía doña Leonor de Habsburgo en su vida, el haber tenido que abandonar a su hija María cuando salió de Portugal, por ello no la había visto en muchos años, por otra parte la princesa sentía rencor hacia su madre por haberla dejado atrás cuando ella tenía solo seis meses. Quizás Leonor sentía remordimientos, por ello había rogado a su hermano en repetidas ocasiones que solicitara de Portugal un permiso para que su única hija, la infanta María, que vivía en la corte portuguesa junto a su tía Catalina de Austria, se desplazase a España para vivir con ella. El rey de Portugal había negado su permiso reiteradamente, pero a última hora, sorprendiendo a todos, Juan III de Portugal dio su beneplácito para que la infanta viviese en España con su madre, cosa a la que se había negado repetidas veces en el pasado y, en efecto, María vino a

España; pero los años de separación habían abierto una brecha que no se podía cerrar. La infanta se mostró fría y esquiva en todo momento. No solo reprochaba a Leonor la soledad en que se había criado, sino también la humillación sufrida, pues Felipe II había estado prometido a ella pero finalmente deshizo la promesa y se había casado con María Tudor, despreciándola a ella. Sentía la infanta que había sido postergada por una inglesa lejana y por una fría razón de Estado sin que su madre hubiese hecho nada por evitarlo. Por esta razón, se hallaba aun soltera y ello era humillante y vejatorio ante la corte española. Finalmente, doña María prefirió regresar a Portugal abandonando a su madre en España. Leonor había puesto demasiadas esperanzas en esta reunión con su hija y el resultado fue una gran desilusión para ella

No pudo, a pesar de intentarlo con todo afán, convencer a la infanta para que residiera junto a ella en España el tiempo que le quedaba de vida. Los cronistas de la época aseveran que el gran disgusto que recibió la hermana del emperador fue una de las causas que provocaron que su ánimo se quebrase y cayese en el desaliento.

En realidad, este último desdén fue el golpe de gracia para Leonor; su salud se había resentido considerablemente en el último año, y el rechazo de su única hija fue más de lo que podía soportar. Falleció en la localidad de Talavera la Real el 18 de febrero de 1558, a los cincuenta y nueve años de edad. Su muerte conmocionó sobremanera al avejentado Carlos V y también a su hermana María que apenas la sobrevivió, el 18 de octubre del mismo año falleció también María de Hungría.

Doña Leonor fue enterrada en la catedral de Mérida, más tarde su hermano ordenó que sus restos fueran conducidos al Monasterio de Yuste, de aquí, y por expreso deseo de Felipe II, en 1574, sus restos mortales fueron llevados finalmente del Monasterio de El Escorial, desde donde, en 1654, fueron trasladados al lugar definitivo: el Panteón de los Infantes en donde hoy reposa junto a Leonor, reina consorte de Portugal y Francia y junto a los restos de su hermana María, reina de Hungría, Croacia y Bohemia.

Bibliografía de Leonor de Habsburgo

1. ALTMEYER. Jean Jacques. *Isabel d'Austriche et Cristiern II.* (En francés). Bruxelles: Wouters, Raspoet, et Ce. 1842.
2. BIBLIOTECA NACIONAL DE ESPAÑA. *Servicio y gastos de la casa de la reina doña María de Hungría, hermana de Carlos I.* Mss. /12179 (H86r-88v).
3. BLEIBERG, B. *Diccionario de Historia de España.* (*Isabel de Austria reina de Dinamarca*). Vol. II Alianza Editorial, 1981. 2.ª edición.
4. *Cartas de la Reina Leonor de Austria al Cardenal Granvela.* Biblioteca Nacional MSS/7910/43-44 FERNÁNDEZ ALVAREZ, M. *Carlos V, el César y el hombre.* Madrid, Espasa-Calpe, 2001. FERNANDEZ ALVAREZ, M. *Felipe II y su tiempo.* Madrid, Espasa Calpe, 2001.
5. GUIMARAES, ISABEL DOS. COMBET, MICHEL. Rainhas consortes de D. Manuel I: Isabel de Castela, María de Castela, Leonor de Áustria. Circulo de Leitores. Lisboa 2012.
6. HACKETT, F. *Francisco I rey de Francia.* Barcelona, Planeta de Agostini, 1995.
7. JOVER ZAMORA, J. M. España en tiempo de Felipe II. Historia de España de Menéndez Pidal. Madrid, Espasa-Calpe, 1994.
8. JOVER ZAMORA, J. M. *La España de Carlos V, Historia de España de Menéndez Pidal.* (Vol. XX). Madrid, Espasa Calpe, 1994.
9. LAYNA SERRANO, Francisco. *El palacio del Infantado.* Aache Ediciones. Guadalajara, 1996.
10. LINCH, J. *Los Austrias (1516-1598). Historia de España, X.* Barcelona, Crítica, 1993.
11. *Portugal - Dicionário Histórico, Corográfico, Heráldico, Biográfico, Bibliográfico, Numismático e Artístico* (en portugués) IV. pp. 170–171.

Felipe I de Castilla (Anónimo.
Noordbrabants Museum. Holanda).

Juana I de Castilla (Juan de Flandes.
Kunsthistorisches Museum.Viena).

Carlos V (Tiziano. Museo Alte
Pinakothek Munich).

Fernando I (Jan Cornelisz Vermeyen.
Fundación Bemberg. Toulouse).

Leonor de Austria (Joos van der Beke. Royal Collection, Palacio de Kensington. Londres).

Isabel de Austria (Jan Gossaert).

Catalina de Austria (Antonio Moro. Museo del Prado. Madrid).

María de Habsburgo (Jan Mayo/Barbalonga. Metropolitan Museum of Art. Nueva York).

ISABEL (1501-1526). ARCHIDUQUESA DE AUSTRIA. CASÓ CON CHRISTIAN II (1501-1526) DE DINAMARCA SUECIA Y NORUEGA

Nacimiento y primera infancia

Si Leonor fue la hermana mayor de Carlos, al año de haber nacido este (1500) nació Isabel que vino al mundo en 1501. Era la tercera de los hijos habidos en el matrimonio de Juana de Trastámara y Felipe de Habsburgo. Al igual que sus hermanos y hermanas era doña Isabel, por su madre, nieta de los Reyes Católicos y por línea paterna, del emperador Maximiliano de Austria y de su esposa María de Borgoña. Por la rama paterna era archiduquesa y por la materna infanta de España.

Nació doña Isabel en Bruselas el 18 de julio de 1501. Fue bautizada con el nombre de Isabel en honor a su abuela, Isabel la Católica. Puede decirse sin faltar a la verdad que casi no conoció a sus padres, de su primer viaje a España estos regresaron a Flandes en 1504 y a principios de 1506 partieron de nuevo hacia Castilla. Isabel ya no volvió a verlos pues su padre murió y su madre pasó al castillo de Tordesillas de donde ya nunca saldría y en donde hallaría la muerte en 1555.

Al igual que Carlos y Leonor, Isabel pasó su niñez en los Países Bajos, en Malinas, bajo la tutoría y cuidados de su tía, la archiduquesa Margarita ya viuda del príncipe Juan. A esa hija en quien confiaba Maximiliano había encargado el gobierno de dichos países, pues al haber pasado allí su infancia estaba bien informada del espíritu que regía aquellas industriosas tierras, hablaba su idioma y conocía bien a sus gentes. Pocos datos directos tenemos de la educación de la princesa. Su formación debió de ser esmerada como lo fue la de todos los hermanos en Malinas y, al menos, sabemos que ella hablaba el alemán y el francés, siendo este último el idioma de la corte. Leonor, Carlos, Isabel y María se educaron con su tía en Malinas. Sus otros dos hermanos, Fernando y Catalina se educaron en España. Debido a esta larga separación los hermanos que vivían en España no conocieron a los otros hasta que Carlos V vino a España en 1516 como heredero de sus padres y abuelos maternos y lo hizo con sus hermanas, sus cortesanos y sus consejeros. Fue entonces cuando Isabel visitó a su madre y vio a sus hermanos, Fernando y Catalina.

El tiempo en el que le tocó vivir a Isabel de Habsburgo (1501-1526)

Sin duda, el siglo XVI es un siglo de grandes cambios, no solo en el aspecto cultural con la grandeza del Renacimiento, que al favorecer que el hombre estudiase los textos antiguos en su versión original auspició al tiempo un cambio de mentalidad. Con el deseo de saber llegó la filosofía de los antiguos griegos, pero también la lectura de los textos originales de los libros sagrados: el Antiguo y Nuevo Testamento, y como consecuencia el libre examen, la interpretación libre de los Libros Sagrados que a veces desembocó en la herejía y como efecto secundario, las guerras de religión que azotaron Europa la mayor parte del siglo.

Fue un período en el que también se asienta el canje de bienes por medio de monedas y se abandona el intercambio de bienes; el sistema de trueque queda anticuado y el sistema monetario se hace general y con ello florece el comercio a distancia. Inclusive se vende *in situ* el producto aún no cosechado u obtenido, tal y como sucedía, por ejemplo, con muchos productos minerales (sal, hierro, etc.) que los banqueros y prestamistas compraban a bajo precio antes de que verdaderamente estuviera disponible (cosechas futuras, el oro que *vendría* de América en los galeones, etc.), y luego estos bienes *futuros* se vendían con ganancia. Con estas facilidades, el comercio se intensifica y los productos de más valor viajan más lejos extendiendo la cultura junto con los géneros manufacturados hasta países distantes. El mundo se hace pequeño.

Es un universo cambiante, activo, original, creativo, pensante… Pero también es un tiempo difícil, nada es estable, los reyes tienen que asentar su poder una y otra vez, los príncipes y poderosos, y aun la iglesia y los grandes obispados, les disputan zonas de soberanía y de riqueza. Muchos príncipes alegan ser protestantes para separarse del poder del emperador, príncipe cristiano por excelencia, también los príncipes de la iglesia se arrogan un poder temporal que en nada se aviene con la mesura de un cristiano. Inclusive, la iglesia se tambalea antes de fijar la doctrina en el Concilio de Trento. No es un siglo fácil, sí sumamente interesante. Muere el medievo. Nace la Edad Moderna.

La doctrina de Lutero en el norte de Europa

Las ideas de Lutero en su tiempo fueron revolucionarias y como tales su difusión estuvo condicionada por multitud de factores. En los países que dependían del influjo de las universidades germánicas, las ideas de la doctrina luterana se desarrollaron de distinta manera que en aquellos países del sur de Europa, que tenían en su tradición la influencia de Aristóteles y la de la cercana Roma. Los países del norte, por otra parte, habían llegado al cristianismo más tarde y por tanto sus creencias estaban menos arraigadas.

Todavía a principio del siglo VIII un misionero cristiano taló el llamado «Roble Sagrado del Trueno» de la tribu de los *chatti*, cerca de Hesse, y el bosque donde crecía fue el lugar más venerable para las tribus que lo idolatraban, considerándolo el espíritu benefactor de la tribu y la fuerza misma de la naturaleza.

En tiempos de Carlomagno, las tribus de Centro Europa adoraban al Irminsul (*Irmin*: dios o deidad. *Sul*: pilar o columna). En la realidad, era este Irminsul un pilar representado por un árbol el cual unía el cielo y la tierra como un puente, comunicando a los dioses con los humanos. Más tarde, cuando llegó el cristianismo, los países más o menos afines, Dinamarca, Noruega, Suecia, Finlandia y Prusia evolucionaron en el campo de las ideas y de la devoción religiosa de un modo más o menos parecido, aunque con matices; al final el desarrollo dependió de las circunstancias sociales de la nación afectada. En Suecia, la Reforma coincidió con la lucha por la independencia frente a Dinamarca, en cambio, en Polonia y Bohemia, la Reforma tropezó con la resistencia nacional a lo germánico. Caso aparte es Inglaterra en donde la Reforma se implantó por deseo real. Las tierras mediterráneas resistieron con tenacidad a los avances de la nueva doctrina luterana, lo que a corto plazo desembocó en miedo a toda idea nueva, y a la larga dio lugar a un fermento revolucionario que se mostraría más tarde.

Todo esto lo relatamos para introducir al lector en el avispero que eran aquellos países en los cuales había de reinar nuestra protagonista: Isabel de Austria.

Boda de la archiduquesa Isabel con Christian II de Dinamarca y Noruega. Descendencia

Siendo por entonces Carlos, y de acuerdo con el emperador Maximiliano, su abuelo, el jefe de la familia, y tal y como era la costumbre buscó bodas convenientes para todas sus hermanas, se entiende convenientes para él y para la mayor gloria de la Casa de Austria, y no era necesario que fuese conveniente para las princesas ya que todas ellas eran peones de un ajedrez internacional, cuyos movimientos estaban decididos por los varones de las grandes familias sin que las hijas o hermanas pudieran decidir nada. Así se podían casar hombres hechos y derechos con niñas de dos o tres años, y habían de esperar años antes de consumar el matrimonio, o jovencitas con hombres que las triplicaban en edad, o inclusive jóvenes varones casar por conveniencia con sus viejas tías que les doblaban en edad.

El reino de Dinamarca necesitaba una candidata a esposa del heredero, la reina Cristina insistía en ver a su hijo si no casado al menos prometido y se pensó en una joven emparentada con los Habsburgo.

Una delegación danesa integrada por el obispo Godske y altos dignatarios como Mogenes Goke y Albert Gepsen y un grupo de jóvenes de la nobleza partió a principios de 1514. Pensaban cruzar Alemania para llegar a Flandes, en su camino la delegación se detuvo en Sajonia, donde el tío del futuro novio, Federico el Sabio les aconsejó sobre las negociaciones matrimoniales. Al final de su viaje, la comisión fue recibida por Maximiliano y las negociaciones llegaron a buen fin. Se firmaron las capitulaciones el 29 de abril de 1514.

Probablemente la razón por la cual todo salió bien es porque también la Casa de Austria buscaba una alianza con los países del norte de Europa y, como Christian de Dinamarca y Noruega deseaba matrimoniar a una de las hermanas de Carlos, esto se avenía bien a los planes de expansión de la familia Habsburgo en Europa.

En un principio, los negociadores del norte habían pensado en Leonor, por ser esta la mayor en su familia y solicitaron la mano de esta, pero finalmente la progenie Habsburgo decidió que buscaría para ella a alguien mejor o de más significación en el concierto europeo, Dinamarca no destacaba gran cosa comparada con otras naciones así que el danés se hubo de «conformar» con Isabel, quien «significaba» menos que Leonor.

La boda, como apuntamos, fue negociada no solo por Maximiliano sino también por Carlos cuando Isabel apenas tenía trece años de edad; pero ambos varones, Carlos y su abuelo, quedaron satisfechos de las negociaciones y su resultado ya que esperaban que con este matrimonio se cumpliría el plan de expansión política hacia el norte de Europa de la Casa de Austria. Siguiendo este propósito no había pasado aún un año cuando la princesa se casó por poderes con Christian II de Dinamarca y Noruega.

Tras un largo viaje a su nueva patria, desembarcó en Helsingor el 4 de agosto de 1515. Isabel y Christian II contrajeron matrimonio ante su pueblo en Copenhague el 12 de agosto de 1515; la contrayente tenía catorce años, mientras Christian tenía treinta y cuatro. Le doblaba en edad o casi la triplicaba y su aspecto era feroz.

Mientras estuvo soltero el rey no vivía solo, tenía una amiga a quien había conocido en uno de sus viajes a Bergen, era esta hija de una comerciante holandesa de nombre Sigbrit Willums.

El asunto de Dyveke

Era Dyveke (1490-1517), una joven de clase media, hija de Sigrit Willums, de la cual se dice que era una mujer comerciante de origen holandés que residía en Bergen, en donde parece ser que tenía un negocio de manzanas. Por alguna razón, había cambiado de domicilio trasladándose a Suecia. No es sabido si alguna vez Sigrit había contraído matrimonio o si Dyveke era hija natural sin padre conocido, se sabe que nació alrededor de 1490 o 1491 en Ámsterdam; si era hija de matrimonio o «hija de la tierra» no se sabe de más detalles hasta ahora la documentación conocida no desvela el misterio.

En su nueva residencia, la señora Willums, como comerciante que era, inició un flamante negocio, no se sabe con seguridad si era una tienda de vino, una taberna o una casa de huéspedes. Como quiera que fuese, Christian visitó un día en este establecimiento y Sigrit le presentó a su hija Dyveke. Impresionado el soberano por la extraordinaria hermosura de la joven, se enamoró de ella y consiguió que Sigrit acompañara a Dyveke y se las llevó consigo estableciéndose ambas en Oslo, bajo el amparo de Christian que por entonces era regente. Él mismo les facilitó una casa y es de suponer que medios de vida; más tarde cuando Christian llegó a ocupar el trono todos se mudaron a Copenhague, en donde residía la realeza.

Desde 1507, la hermosa Dyveke fue la amante del rey el cual no ocultaba la atracción que la bella ejercía sobre él y no solo eso sino que su madre, la señora Willums (o Willoms) se instituyó en consejera del rey, sobre todo en asuntos económicos; siendo sus dictámenes e indicaciones muy apreciados y seguidos por el monarca. En la práctica, la señora era algo así como un ministro de finanzas.

Aunque el romance del rey era bien visto o al menos ignorado por todos, el que Sigrit Willums ejerciera de consejera del reino era visto con desagrado y disgusto por la gente y sobre todo por la nobleza. Se ejercieron toda suerte de presiones para alejar al rey de cualquiera de ellas porque si no se iba, cavilaban, se iría la otra y así se liberarían de ambas, pero todo fue en vano. Si se quiso separar a Christian de Dyveke, todo fracasó pues inclusive cuando casó con Isabel de Habsburgo mantuvo abiertamente su relación con la hermosa joven. Cuando todo esto se supo, la familia Habsburgo intentó apartar a Dyveke de Christian, pues la relación la consideraban una ofensa e inclusive en 1516, cuando ya Isabel había sido coronada reina de Dinamarca, Carlos V conminó al rey a separarse de su amante, este no le hizo el menor caso en todo este asunto, y ello fue motivo de amargura para la joven esposa y de indignación para la familia de Isabel, que tenían un alto concepto de su dignidad y pensaban que la infidelidad del rey atentaba contra el respeto debido a todos ellos.

En cuanto a la amante del rey, la hermosa Dyveke, convenientemente, falleció. Murió en 1517 y un tal Torben Oxe, encargado del castillo de Copenhague fue acusado de haber cometido este homicidio. Era Torben Oxe un individuo perteneciente a la pequeña nobleza y como gobernador del castillo tenía frecuente contacto con la real familia.

Como la muerte de Dyveke fue casi repentina o al menos inesperada, se pensó en un posible envenenamiento y la madre de la difunta Dyveke, Sigbrit Willum, apuntó su dedo contra el tal Oxe dando como razón de su acusación que él había obsequiado a su hija con una pequeña cesta de cerezas dos días antes de su muerte, es más, la buena señora aseveró que Torben Oxe había estado enamorado de Dyveke y que ella había rechazado sus avances, la había envenenado, dijo, por venganza.

En realidad, no había pruebas contra él y el Consejo del Reino y la misma reina Isabel intercedieron por su vida pero, obcecado, el rey lo hizo ejecutar, cosa que indignó al pueblo que quiso ver una venganza sin razón en aquel acto violento. Inclusive los nobles desaprobaron aquel episodio que dio mucho que hablar aun en años venideros. Probablemente Dyveke murió envenenada por orden de Maximiliano (1459-1519), abuelo de Isabel, enterado de la vida que el rey de Dinamarca daba a su nieta por culpa de su amante. En todo caso, tras la muerte de Dyveke, el matrimonio real pareció iniciar una mejor vida en común y a partir de entonces el rey prescindió de pedir consejo a la madre de Dyveke, Sigbrit Willum, y lo hacía en cambio a su esposa que demostró gran prudencia a pesar de su corta edad. No obstante, Sigbrit siguió administrando las finanzas del reino.

La reina de Dinamarca. Los tronos de Dinamarca, Noruega y Suecia. Descendencia

La archiduquesa, cuando llegó a su nuevo país, no hablaba danés y el rey no hablaba ningún otro idioma más que el suyo y no parecía muy interesado por su joven esposa e inclusive la trataba con despego y aun con rudeza frente a los cortesanos.

Pero Isabel era mujer de clara inteligencia e hizo esfuerzos por aprender en breve tiempo el idioma de su nueva patria, a fin de comunicarse con su marido sin tener que fiar sus sentimientos a los intérpretes. Pronto pudo hablar la difícil lengua de su esposo y se hizo querer no solo por él sino por todos sus súbditos quienes la aceptaron de buen grado como su señora.

Tenía Christian, como ya dijimos, fama de hombre duro y aun cruel pero su nueva esposa, con el tiempo, logró atemperar sus arranques, cosa que agradecieron los que la rodeaban. Dicen las crónicas que nunca hubo en Dinamarca otra reina más amada que la reina Isabel de Austria.

Desde muy joven, Isabel había destacado por su belleza rubia y su talle fino, era inteligente y estaba educada para reinar, amaba la música y ella misma tocaba varios instrumentos y aunque su reino actual era muy diferente a aquel en el que se había criado, pudo adaptarse a las nuevas costumbres debido a su inteligencia y a que —como cuentan las crónicas— amó a su esposo a pesar de la diferencia de edad y al mal carácter de este, atemperado por su esposa.

Del matrimonio nacieron seis hijos:

Juan, nacido el 21 de septiembre de 1518 y fallecido a los catorce años el 2 de julio de 1532. Maximiliano, nacido el 4 de julio de 1519 que murió al poco de nacer y su hermano gemelo, Felipe, nacido igualmente el 4 de julio de 1519 y fallecido al año siguiente, 1520.

Dorotea, la primera hija, nació el 10 de noviembre de 1520 y que vivió sesenta años hasta el 20 de septiembre de 1580. Casó con Federico II, elector palatino.

Cristina fue la siguiente. Nació en noviembre de 1521 y vivió sesenta y nueve años, hasta el 10 de diciembre de 1590. Casó en primeras nupcias con Francisco Sforza, duque de Milán, y en segundas con Francisco I, duque de Lorena.

En 1523 vino un nuevo hijo varón que murió antes de nacer. De esta copiosa sucesión de hijos, no sobrevivieron más que las hijas: Dorotea y Cristina. Ambas, para el siglo en el que vivieron, tuvieron largas vidas y casaron con personajes importantes de su tiempo en cuyas vidas no entraremos por no ser motivo de nuestro estudio.

Fue Isabel reina consorte de Dinamarca y más tarde de Noruega y Suecia. La historia del reino de Dinamarca y la de sus reyes no deja de estar marcada por sucesivas turbulencias.

El hombre cruel. Guerras varias. «El baño de sangre» de Estocolmo

El marido de Isabel, Christian II (1481-1559), había sido nombrado heredero al trono de Dinamarca en el año de 1489 cuando apenas tenía ocho años de edad y fue electo heredero de Suecia en 1497, año en que su padre, Juan I, conquistó ese país. A los veintiún años, el príncipe heredero dirigió en persona un ejército contra los rebeldes en Suecia y allí demostró pericia militar. Fiándose de las cualidades de su hijo como gobernante y como militar, el rey Juan lo nombró Virrey de Noruega en 1506, fue allí en donde se hizo famoso por su gran aspereza, fama que lo acompañaría a lo largo de su vida. En 1507, el rey Juan, su padre, inició la guerra contra Suecia y arrasó toda la costa sueca. Pronto, en simpatía con Suecia, se produjo una sublevación en Noruega (1508), que empezando en Hedemark terminó por incendiar con el fuego de la rebelión a otras provincias; de las ideas rebeldes se culpó a un clérigo, Carlos, obispo de Hamer y a este se acusó de haber pactado la revuelta con Sten Sture el Joven, hijo del Regente Svante Nilssen Sture. Indignado, el virrey Christian mandó que este se presentase ante él, cosa que el prelado, tal vez mal aconsejado, no hizo. Esta desobediencia provocó la ira de Christian que hizo prender al obispo y llevarlo cautivo al castillo de Agershuus.

Tras una estancia forzada en prisión, mientras el virrey esperaba un veredicto del papa Juan II sobre la conducta del clérigo, este intentó escapar y cayó por la ventana hiriéndose gravemente; tras ser de nuevo apresado, falleció al poco tiempo por sus heridas. Esta serie de hechos soliviantaron al pueblo y la insurrección lejos de aplacarse continuó. La muerte del obispo fue sentida por el pueblo e inclusive por el rey Juan, pues el obispo tenía fama de caritativo y compasivo; a resultas de esta muerte el virrey fue excomulgado. Al recrudecerse el alzamiento, Christian intentó sofocar el suceso con mano dura, torturas, ejecuciones y revueltas sin fin. Allí, el futuro rey Christian se ganó fama de hombre duro e inmisericorde.

Fue quizás por esta aspereza por lo que, a la muerte de su padre, Juan I, acaecida en 1513, algunos de los grandes nobles de Dinamarca rechazaron a Christian como rey, manifestando que preferían a su tío Federico. Afortunadamente esta vez el nuevo rey se condujo con cordura y logró que lo reconocieran como su legítimo soberano a cambio de ciertas cesiones a la nobleza y al clero, a los que reconoció un incremento de poder, mientras el suyo propio quedaba en algo recortado.

Reconoció asimismo el derecho del pueblo a levantarse en armas si el rey no cumplía sus compromisos. Tenía Christian treinta y dos años cuando murió su padre, estaba soltero y tenía una amante fija.

El primer deber de un rey es velar por la sucesión legítima, así que vio entonces llegado el momento, como ya hemos visto, de contraer matrimonio con una heredera de sangre real, es en ese momento cuando se prometió a Isabel de Habsburgo y dos años más tarde, 1515, estaba la nueva reina ya en su país. De lo sucedido con su amante y de las nuevas relaciones con su esposa tras la muerte de su querida, ya hemos hablado y no insistiremos.

El único trono que estaba en verdad bajo el poder de Christian era el de Dinamarca, en 1517 estalló un conflicto en Suecia entre el regente, Sten Sture, y el arzobispo, Gustavo Trolle; el primero era partidario de la independencia del país y el arzobispo de la Unión de Kalmar. Ese conflicto fue aprovechado por el rey Christian II de Dinamarca y Noruega para inmiscuirse militarmente y reclamar su derecho al trono de Suecia. Pero sus intenciones no tuvieron éxito cuando fue derrotado en la batalla de Brännkyrka; en donde, no obstante, logró tomar prisioneros a seis importantes suecos, entre los que se encontraba Gustavo Vasa, y encarcelarlos en Dinamarca.

No desistió el rey de Dinamarca en sus propósitos y en 1519 armó un gran ejército de mercenarios con el apoyo del papa, que había excomulgado a Sten Sture por haber atacado al arzobispo de Upsala, Gustavo Trolle, y que por ese motivo había otorgado a Christian autorización, en enero de ese mismo año, para entrar en guerra contra sus enemigos de Suecia.

Así que el rey de Dinamarca invadió nuevamente Suecia. Los hombres de Christian derrotaron al ejército sueco en la llamada «Batalla de Hielo de Asunden», en donde su líder, Sten Sture, fue herido de muerte. Repitió su victoria en Tiveden y con estas acciones bélicas quedó dueño de toda Suecia En marzo, ya fue reconocido como rey de Suecia e Isabel se convirtió en reina consorte de Suecia; cuando su marido, en 1519, fue proclamado en Estocolmo, rey de ese país y coronado como tal por el arzobispo Gustavo Trolle, la reina no lo pudo acompañar pues estaba en los últimos días de un nuevo embarazo. Hemos de mencionar que mientras Christian estaba en Suecia dirigiendo las campañas militares, ella gobernó Dinamarca como reina regente de Dinamarca, lo que nos manifiesta la confianza que tenía depositada el rey en su esposa[19].

Reuniendo bajo su poder a Dinamarca, Noruega y Suecia, el rey Christian lograba revivir la antigua Unión de Kalmar, que tantos años de paz y prosperidad habían garantizado a esas naciones en siglos pasados.

Desafortunadamente el rey Christian siguió el consejo del arzobispo de Upsala, apoyado por algunos nobles, y acusó a muchos de los rebeldes, seguidores de Sture, de herejía, por cuya causa los mandó encarcelar y luego ordenó que los ejecutaran sin haberles proporcionado un juicio legal.

Esta acción se conoce como «el baño de sangre de Estocolmo». No fue un hecho justo sino una maquinación en la que Christian solo buscaba deshacerse de sus opositores. Además, unas 600 personas, incluyendo niños y damas de la nobleza fueron encarceladas y enviadas a Dinamarca y muchas ajusticiadas. Por todas estas acciones, el rey empezó a ser conocido en Suecia como Christian el Tirano. El descontento no cesaba de crecer.

Unas palabras sobre la unión de Kalmar

Doña Isabel de Habsburgo llegó a ser reina de los territorios conocidos como la Unión de Kalmar; vastos reinos nórdicos sobre los cuales

---

19. Curiosamente la reina Isabel actuó como gobernadora con el concurso, ayuda y consejo de Sigbrit, la madre de Dyveke, la antigua amante de su marido.

Carlos V deseaba extender su influencia o, al menos, saber de primera mano qué se hacía y pensaba en aquellas distantes tierras. Como ya hemos explicado fue con esta intención con la que se planificó el matrimonio de la archiduquesa Isabel con el rey Christian II.

La llamada Unión de Kalmar se formó de la unión, casi sería mejor decir yuxtaposición, de los reinos de Dinamarca, Suecia (que incluía Finlandia) y Noruega (con su territorio anexo de Islandia). Estas tres potencias se habían comprometido (julio de 1377) a formar una alianza a perpetuidad; por dicha alianza se obligaban por medio de un tratado a llevar una política exterior conjunta así como una elección también consensuada del heredero al trono.

¿Cómo se llegó a esta unión? En parte por azares del destino y en parte por necesidad. El rey de Noruega (Haakon IV) se casó con la hija (Margarita) del rey de Dinamarca (Valdemar IV). De este matrimonio, nació un hijo, Olaf, quien a la muerte de su abuelo Valdemar heredó la Corona danesa abajo la tutela de su madre Margarita, que actuaba como regente. Cuatro años más tarde falleció Haakon IV de Noruega y el joven heredero fue a su vez rey de Dinamarca y de Noruega. Hasta aquí todo se desarrollaba según costumbre, pero sucedió que el joven rey Olaf murió también y los dos tronos se quedaron vacantes toda vez que la costumbre no permitía que reinase una mujer.

Visto que durante los años en los que la reina Margarita había actuado de regente en nombre de su hijo lo había hecho con tacto y prudencia, se acudió a una argucia legal para permitir que Margarita fuese la reina efectiva, aunque no nominal. Se declaró a Margarita «depositaria de la realeza», y así se lograba, al menos de momento, mantener la unión dinástica. Actuando con energía, pero al tiempo con sabiduría, la reina Margarita nombró heredero de la doble Corona (Noruega y Dinamarca) a su sobrino nieto, Erik de Pomerania, y como este solo tenía quince años, la regencia (en realidad reinado) de Margarita había de continuar al menos durante unos cuantos años hasta la que Erik de Pomerania, que en principio no estaba destinado a reinar, estuviese preparado. Con las manos libres para actuar, la depositaria de la realeza, la reina viuda Margarita, llevó a cabo una política de expansión por la que consiguió derrotar a Alberto de Mecklemburgo de Suecia y unir esta nación (1396) a la ya existente Unión Dinástica, o sea la Unión de Kalmar.

Al año siguiente, se reunieron los nobles, prelados de la Iglesia y dignatarios de esos tres países en la ciudad que daba nombre a la unión: Kalmar, y allí se coronó a Erik de Pomerania, que reinó desde 1396 hasta 1441. Erik se coronó como rey de los tres grandes países: Suecia con sus territorios anejos que incluían Finlandia, Dinamarca y Noruega que incluía a Islandia. Una de las premisas del mutuo acuerdo entre las partes que eligieron al rey, fue el de observar de allí en adelante una paz perpetua. Pero la unión era frágil, no se preveía una unificación de leyes y no se crearon instituciones comunes, de modo que cada nación conservaba sus leyes y costumbres propias sin atisbo de unión verdadera con las otras, los unía la Corona y poco más pues en la realidad cada una conservaba íntegra su soberanía.

Para empeorar la situación, el rey Erik favorecía en sus decisiones a los daneses aprovechando el mayor peso demográfico de Dinamarca en comparación a Suecia y Noruega y esta preminencia de lo danés fue un lastre que se arrastró hasta el fin de la Unión.

En realidad, la Unión de Kalmar tuvo su razón de ser bajo la reina Margarita, que con mayor sentido de estado rigió sus coronas en equidad y justicia sin hacer preferencias entre sus reinos. A la muerte de la reina, en 1412, la Unión entró en crisis pues el nuevo rey no tenía el talento de su tía abuela. La parcialidad del rey Erik hacia la Corona danesa, creció y ello consiguió aumentar el disgusto de Suecia y Noruega. En 1434, un caballero sueco de origen alemán, Engelbrekt Engelbrektsson, inició una revuelta contra el soberano, a este rebelde se unieron nobles y campesinos y, aunque el levantamiento se sofocó, fue el inicio de la caída de la Unión. Al fallecimiento de Erik, los tronos de Dinamarca y Noruega fueron ocupados por nobles alemanes: Cristóbal II de Baviera y Christian I de Oldemburgo. Al trono sueco ascendió Karl Knutsson Bonde, conocido en España como Carlos VII de Suecia. De forma nominal, la Unión de Kalmar se mantuvo hasta 1523, año en el que los reyes de Dinamarca fueron expulsados del trono por su tío, Federico. Así que nuestra archiduquesa Isabel, esposa de Christian de Dinamarca, fue reina —también de modo nominal— de la resucitada Unión de Kalmar hasta el último día de su reinado.

Simpatías de los reyes Isabel y Christian con el luteranismo

Christian II, sintiéndose seguro en el trono, se enfrentó con el clero y trató imponer a sus preferidos en las sedes episcopales y recortar los privilegios de que disfrutaban los monjes. También intentó tomar parte en las riquezas de los episcopados y para ello tomó la decisión de apartar para el rey una parte de los ingresos monetarios de la Iglesia, cosa que por otra parte ya estaban haciendo los nobles en Europa Central; no contento con esta medida, más tarde extendió esta confiscación a otros bienes muebles e inmuebles. Adelantándose al rey de Inglaterra, Enrique VIII, quien se proclamaría jefe de la Iglesia en 1534, Christian se proclamó nuevo dirigente de la Iglesia y en 1526 publicó la primera traducción del Nuevo Testamento en sueco y más adelante hizo publicar la Biblia completa en sueco.

Todo ello lo indispuso con la iglesia. Al parecer, se había convertido al luteranismo o al menos sentía una gran simpatía por esa doctrina, eso explica que hiciese traer profesores de alemán para que divulgasen (propagasen) la doctrina de Lutero. No tuvieron estos gran éxito y a la postre hubieron de abandonar el país. Se rumoreaba que la reina también simpatizaba con Lutero y ello provocó un gran disgusto en su familia, los Habsburgo, que en el resto de Europa era el bastión del catolicismo ortodoxo y que en las guerras de religión gastaban su sangre, su prestigio y su patrimonio y enterarse, o el mero hecho de suponer, que uno de ellos era luterano era algo incomprensible para todos. Este rumor perjudicó a la reina. Cuando su esposo pidió ayuda a Carlos V, este no acudió porque temía que ambos, marido y mujer, Christian e Isabel, coincidiesen con los luteranos.

Puede ser que Isabel tuviese simpatías por el luteranismo, pero no fue hasta que visitó Sajonia y Berlín en 1523 cuando entró en contacto directo con las enseñanzas de Lutero y si tuvo simpatías por el protestantismo, fue allí donde brotó realmente este interés por la doctrina luterana.

Oficialmente, Isabel nunca se convirtió al protestantismo, pero cuando visitó Núremberg en 1524, se dice que la reina de Dinamarca recibió la comunión bajo el rito protestante. Sabedores los Habsburgo de tal hecho, manifestaron su descontento de un modo tan enérgico que ambos esposos decidieron, de allí en adelante, ocultar sus simpatías al menos por razones políticas y por lo que podía eso significar en el futuro.

Los levantamientos

Una vez más Suecia, que por muchas razones no aceptaba a Christian como su rey, se levantó contra él y los rebeldes eligieron como soberano a Gustavo Vasa. Los reyes de Dinamarca solicitaron entonces ayuda de su cuñado y hermano, el emperador Carlos, y le rogaron desesperadamente que usase de su influencia para convencer a Gustavo Vasa de que no persistiese en su intento de rebelión contra la Corona, pero Carlos, que por muchos motivos estaba en desacuerdo con Christian, ignoró su petición.

Finalmente, Gustavo Vasa se alzó contra el rey con el apoyo financiero de la ciudad de Lübeck y tomó el poder autoproclamándose gobernador del reino en 1521 y rey de Suecia en 1523, con el nombre de Gustavo I.

Carlos también estaba disgustado con su cuñado por haber apoyado al comercio holandés, mientras que el emperador estaba interesado en auspiciar el comercio de la Liga Hanseática, pues le tocaba más de cerca para sus intereses. Todo esto jugó en contra del rey de Dinamarca, además el César Carlos le achacaba haber sido infiel a su hermana cuando esta llegó a Dinamarca y, tras la muerte de Dyveke, seguir conservando a la madre de Dyveke, Sigbrit Willum, como administradora de las finanzas de Dinamarca. Luego estaba el asunto de Lutero y la inclinación de Christian por las enseñanzas del monje que tantos quebraderos de cabeza le estaba dando.

Todas las reformas llevadas a cabo por Christian II demostraban sus simpatías por el protestantismo y llevaron el descontento no solo a los clérigos sino también a gran parte de la nobleza. Enterado de la irritación que cundía por doquier, Christian prometió la creación de un parlamento público a donde los comerciantes y campesinos pudiesen llevar sus quejas con el fin de que estas fuesen examinadas y solucionadas. Pero ya era demasiado tarde: los conspiradores, sin esperar la convocatoria de Christian, le enviaron una carta de revocación de mandato (enero de 1523).

Una vez más, los reales esposos recabaron la ayuda e intervención de Carlos, de Habsburgo pero él, tampoco esta vez, contestó a sus peticiones.

Los conjurados se reunieron en Viborg, en 1523, y acordaron desterrar al rey y llamar a su tío Federico para que ocupase su puesto, inmediatamente este declaró la guerra a su sobrino, el cual, a la vista de lo sucedido, abandonó su país al mes siguiente.

El 13 de abril de 1523 salió Christian de su tierra y ese mismo día se coronó Federico I como rey de Dinamarca.

La reina Isabel era bien querida por los daneses así que el nuevo rey, Federico, sabedor del amor del pueblo por su reina, ofreció a Isabel que, si así lo deseaba, podía permanecer en Dinamarca en donde viviría dignamente, tratada según su alcurnia y pensionada por el mismo rey Federico. No solo ella, sino que también podía quedarse con sus hijos. Ha quedado para la historia la respuesta que la destronada reina dio al nuevo rey de Dinamarca: *ubi rex meus, ubi regnum meum* (donde esté mi rey, allí está mi reino). Con esta frase precisa y corta, se manifiesta toda la fidelidad y el ánimo de aquella reina en tiempos difíciles.

La huida al extranjero

Abandonado por todos, sobre todo por todo por su cuñado, Carlos V de Alemania, ya que el emperador sospechaba de su conversión al luteranismo, el rey Christian no se rebeló contra su sustitución en el trono y considerando su causa perdida a todos los efectos, capituló y manifestó que abandonaría el país sin más resistencia.

Mientras Federico I se hacía coronar rey el depuesto soberano con su esposa y sus hijos abordaban un navío de nombre El León y abandonaban Dinamarca con rumbo a los Países Bajos.

A pesar de todo, los soberanos no habían perdido la esperanza de recuperar su perdido trono y, acercándose a los Países Bajos, quizás abrigaban la ilusión de que Margarita de Austria mediase a su favor ante el emperador para que este auspiciase un posible retorno a Dinamarca. En todo caso, la reina Isabel nunca más volvió a su perdido reino. En los años siguientes, los reyes depuestos intentaron conseguir ayuda de sus regios parientes, pero estos eran fervorosos católicos y sus devaneos con los luteranos no ayudaron a los defenestrados monarcas.

Los esposos viajaron a Malinas y más tarde a Sajonia, allí Christian tomó parte en la Dieta de Núremberg[20], pero la salud de Isabel no era buena. Había nacido en 1501 y estamos en el año 1524. Isabel solo tiene veintitrés años, pero era diabética y tanto embarazo, parto, trastorno, viajes y disgustos habían minado su salud. La familia real tiene dificultades económicas y el rey Christian se desentiende de la reina, su esposa, y de sus hijos. Todo son contratiempos y sinsabores. Si alguna vez había abrigado esperanzas de recuperar el trono, ahora las pierde por completo.

Esperando mejorar su salud, Isabel se dirigió a la ciudad de Augsburgo famosa por sus balnearios curativos. Durante un tiempo, su ánimo pareció mejorar pero la mejora no fue definitiva y la archiduquesa recayó en sus males. Ya estaba casi incapacitada en julio de 1525 cuando celebró su cumpleaños con su esposo e hijos; tenía veinticuatro años solamente y fue su última conmemoración.

Hacia noviembre, los soberanos habían decidido viajar a una pequeña ciudad cerca de Gante, Zwijaerde. A los pocos días, a principios de diciembre, fue cuando la salud de la archiduquesa empeoró notablemente. Las noticias de su mal enseguida llegan a todas partes y en Malinas su tía paterna, doña Margarita de Austria, también se enteró de los sucesos de Zwijaerde y muy preocupada por lo que llegaba a sus oídos requería noticias diarias de la evolución de la joven reina destronada. Las respuestas recibidas no eran buenas: no se podía ya levantar de la cama si no era con grandísimo esfuerzo, le faltaba la respiración,

---

20. En la Dieta de Nuremberg (1522-23), los luteranos refutaron la ejecución del edicto de Worms, pidieron la eliminación de las *Gravámina*, fiestas de precepto que consideraban en demasía y la convocatoria de un concilio libre, que deseaban que se celebrase en tierra alemana, en el cual pudiesen participar los laicos. En la Dieta siguiente, también en Nuremberg (1524) los evangélicos encontraron un buen aliado en Carlos V, que desconfiaba de Clemente VII. La Dieta declaró que los estados debían aplicar el edicto de Worms «en el límite de lo posible».

tosía y sufría de ahogos constantes. Considerando por sus síntomas que su fin estaba cerca, la reina se preparó para morir.

Se dice que recibió la comunión según el rito católico y el protestante; tanto uno como otro lado defienden que ella murió como protestante o como católica. El 14 de enero de 1526, sabedora de que no puede resistir más tiempo, escribe una carta a su tía Margarita en la cual le ruega que no abandone a su esposo e hijos y le suplica su apoyo en su pugna por recuperar el trono de Dinamarca, al menos para ellos. Es posible que la reina de la Unión de Kalmar muriese antes de que *bonne tante* Margarita recibiese la carta pues apenas cinco días más tarde, el 19 de enero de 1526, en el monasterio fortaleza de Zwijaerde expiró la joven reina destronada.

Su fallecimiento fue sentido por toda Europa. Se celebraron ceremonias religiosas en su memoria y por el eterno descanso de su alma en todas partes. En Dinamarca, su perdido reino, se reza por ella y se la recuerda como una buena reina que hizo todo lo posible por dulcificar a su rudo rey Christian. Su tía Margarita de Austria celebra misas solemnes en su memoria, lo mismo que en Hungría y España. Nunca se había sentido tanto la muerte de una reina, ni celebrado tanta misa y rogativas por ninguna otra reina de Dinamarca, ni antes ni después de ella. En todas partes se lamenta su temprana muerte; en todas, menos en Suecia. Ello merece un comentario aparte.

Su cuerpo fue sepultado bajo el altar mayor de la iglesia de San Pedro de Gante, donde más tarde se sepultó asimismo a su hijo Juan (1518-1532), muerto a los catorce años. El Gobierno danés reclamó sus restos, que al fin fueron llevados a Dinamarca en 1883 y reposan junto a los de su marido Christian II en la cripta real de San Canuto de Odense.

Una última consideración sobre esta princesa muerta prematuramente: Isabel ha pasado a la tradición historiográfica danesa como una reina popular, bella, inteligente, sabia consejera y fiel sostén de su esposo y modelo de virtudes y de religiosidad. Lo mismo se puede decir, en términos generales, de la historiografía germánica y anglosajona que, siguiendo a Lutero, la ha presentado como heroína de la Reforma, la primera reina luterana de la historia, cosa por otra parte dudosa.

Isabel en la historiografía sueca. Una reina olvidada

En términos generales, resulta sorprendente que, habiendo sido considerada a su muerte como una reina excepcional, culta, inteligente, bondadosa y bella en todos los países de Europa, Suecia ni parece haber lamentado su fallecimiento ni hay noticia de que se celebraran exequias por su reina. Don Benito Peix Geldart[21], en su artículo "Isabel la Luterana" intenta dar una explicación a esta anomalía.

Aunque Isabel fue reina legítima de Suecia, cuando su marido fue coronado ella no asistió a la coronación, de hecho, nunca tuvo la oportunidad de visitar Suecia. En la primera ocasión mencionada, ya explicamos que estaba la reina embarazada y su delicado estado no le permitió desplazarse de modo que esta circunstancia privó a sus súbditos de una primera visión y contacto con la prudente soberana. Como ya hemos expuesto con anterioridad Christian fue el autor del «baño de sangre de Estocolmo» y desde ese día fue conocido como Christian el Tirano. En breves palabras, el doctor Benito Peix Geldart explica como el hecho de ser simplemente la esposa del Tirano hizo que jamás gozase de popularidad en Suecia: «... Isabel no estuvo en la coronación de Christian por haber permanecido en Dinamarca. Fue reina de

---

21. El doctor Benito Peix Geldart fue estudiante nórdico en la Universidad de Valladolid, en donde llegó a terminar un doctorado de las relaciones de España y Suecia a través de la Historia, con hincapié en el siglo XX. Además estudió con especial interés las vidas de las reinas de Suecia.

Suecia sólo un año y no consta que pisara nunca territorio sueco. Pero nunca dejaría de ser, para los suecos, la esposa de Christian, "el tirano". En efecto, frente a la popularidad de la que gozó (Isabel) en Dinamarca y en los Países Bajos —donde incluso se compuso una copla popular sobre su muerte— llama la atención el olvido casi total de la reina en Suecia, salvo durante el siglo XIX, en la época del llamado escandinavismo. De hecho, la documentación referida a Isabel en los archivos suecos es prácticamente inexistente…».

En la Biblioteca Nacional de Estocolmo, existe una copia de un libro de 1525 (año de la muerte de la reina) cuyo autor es el mismo Christian II, en que habla de ella.

Mucho se ha discutido sobre si la reina de Dinamarca fue o no fue una verdadera protestante, las afirmaciones dependen de la parte de que provengan. Para los protestantes fue una verdadera creyente en su doctrina y para los católicos siempre fue católica de corazón y solo se interesó en esa doctrina por conocer el pensamiento de Lutero ya que era comentado en todas partes. Por otro lado, antes de ser sancionada por el papa no era doctrina condenada y cualquiera podía estudiarla y aun practicarla.

Según la principal obra de consulta biográfica de Dinamarca, el *Dansk Biografisk Lexikon*, Christian II le envió a su propio pastor, el luterano Jens Mikkelsen Møenbo, para que la asistiera en el lecho de muerte, pero dice también que recibió la extremaunción católica. Christian le escribió a Lutero, en carta secreta, que la había recibido (la extremaunción) estando ya inconsciente. Sin embargo, respondiendo a las preguntas del rey al respecto, hubo testigos que dijeron que Isabel había dicho explícitamente que moría «en la Fe de la Santa Iglesia». Este testimonio es rechazado por la historiografía luterana, diciendo que proviene de fuente católica, dato que nos parece sorprendente si, como dice esta misma fuente, el pastor luterano de Christian estuvo allí. Además, en la tradición católica, a la extremaunción precede la confesión, aunque sea *sub conditione* en los casos de inconsciencia.

Queremos señalar que, a pesar de tantos testimonios historiográficos del luteranismo de Isabel, no parece que se pueda concluir que lo fuera en realidad. Está claro que tanto Isabel como su esposo Christian mantuvieron una relación personal con Lutero. Parece también fuera de duda que al menos en una ocasión (1524) Isabel recibió la comunión a la manera luterana. Sin embargo, el testimonio del propio Lutero, del cual dependen las afirmaciones posteriores de la historiografía, no es en modo alguno decisivo, por dos razones: En primer lugar, porque este texto de Lutero está escrito, como la mayoría de los suyos, en un momento en el que el luteranismo no estaba aún bien afianzado en Europa, y la discusión teológica y política estaba en pleno vigor. Basta recordar que el concepto luterano de iglesia se especificó a lo largo del año 1520, con los escritos de Lutero sobre el papado de Roma, sobre las buenas obras, sobre la libertad humana y su *Assertio omnium articulorum* que precedieron a la excomunión pontificia por la bula *Decet Romanum Pontificem* del 3 de enero de 1521. Por lo tanto, en ese ambiente, el poder presentar al mundo la conversión de una reina del catolicismo al protestantismo (o a la «religión evangélica», por utilizar la terminología de los Reformadores), que además era nada menos que la hermana del emperador católico, revestía evidentemente sumo interés para su causa; la fuente es, pues, tendenciosa en alto grado.

En segundo lugar, el propio Lutero afirma que la información sobre la confesión de fe luterana de Isabel en su lecho de muerte, mediante la recepción de los sacramentos a la manera luterana, proviene del rey Christian II, un rey cuya actitud respecto al luteranismo fue cambiando según la actitud que adoptaron sus rivales, los reyes usurpadores Federico de Dinamarca y Gustavo I de Suecia. En efecto, una vez que Suecia y Dinamarca adoptaran el luteranismo como religión oficial, Christian II volvió al seno de la Iglesia católica. Hasta el propio Lutero lo citará entonces como ejemplo de reyes a quienes Dios abandona por haber ido demasiado lejos en el ejercicio de su poder[22].

En todo caso, católica o luterana, es una reina ignorada por la historia en Suecia, como si la hubiesen desterrado de la memoria, ni tan siquiera la guía editada por el Archivo Nacional de Dinamarca sobre las fuentes documentales del reinado de Christian II y de Isabel, ni siquiera como mención ha sido traducida al sueco, apenas es citada en la lista de reinas consortes.

No hemos sido capaces de hallar ninguna biografía sueca de la reina Isabel de Habsburgo, fue (deliberadamente) olvidada hasta que la confección de enciclopedias y manuales en el siglo XIX hizo necesaria su mención y consecuentemente su estudio. No hay dificultad alguna en hallar biografías danesas, pues las hay y numerosas, y en ellas se basaron fundamentalmente los diccionarios biográficos escandinavos que la citan. Por lo que respecta a los diccionarios biográficos suecos, llama la atención la escasez de referencias a Isabel. Los que la mencionan lo hacen muy someramente, a veces sencillamente de pasada como cónyuge de Christian II. En Suecia es tal la ignorancia de su nombre y de su misma existencia que en una obra muy popular titulada *Hombres y Mujeres de Suecia* ni tan siquiera se la alude, y en *Mujeres al servicio de la Patria*, tampoco. Se puede decir que en la Suecia moderna es la reina olvidada, y todo por haber sido la esposa del temido y temible Christian II, cuya sombra negra cubre el recuerdo de la bondadosa Isabel.

Sirva como muestra la magna obra en veintitrés volúmenes (1823-72) *Berättelser ur svenska historien* (*Narraciones Selectas de la Historia de Suecia*), de Anders Fryxell, pastor e historiador, miembro de la Academia Sueca. Solamente menciona a Isabel de pasada al final de una

---

22. Estudio realizado don Benito Peix Geldart. Isabel "La Luterana" Una perspectiva sueca de la hija de Juana I, Isabel de Dinamarca, Noruega y Suecia. Máster en Historia (MA), Universidad de Estocolmo (Suecia).

página y comienzo de la siguiente, si bien es cierto que dice de ella algo más que el nombre, al menos apunta que era dama de «gran y muy especial belleza, de sentimientos mansos y nobles y que mitigó en parte la maldad del Rey».

En el siglo xx, la historiografía sueca empieza a estudiar de nuevo, ya distanciada en el tiempo, la figura de Christian II y al revisar su vida se revisa la de Isabel. Entonces aparecen menciones a la reina, aunque muchas no son en libros de historia, sino más bien en obras piadosas y literarias, algunas son interesadas menciones de orientación luterana. Un historiador de la iglesia luterana, Jöran Thomaeus, la llama «la genial Isabel» y dice que «tuvo que sufrir mucho por su fe evangélica». Está en la línea anteriormente señalada de consideración de Isabel como la primera reina luterana de la historia. Otra obra a destacar fue publicada en Estocolmo en 1864. Se trata de una obra titulada *Anteckningar om svenska qvinnor* (*Apuntes sobre mujeres suecas*), donde hay una larga mención a Isabel, de marcado tenor romántico, presentándola como inocente víctima de un mundo cruel, sacrificada a las exigencias de la política de su tiempo. El nombre de Isabel, dice, es menos conocido entre las reinas suecas de lo que se merece, lo cual atribuye, en nuestra opinión acertadísimamente, «a haber tenido la desgracia de ser la consorte del más odiado de los reyes de Suecia, Christian II "el tirano"». Contiene un hermoso y positivo retrato de la reina, en el que llama la atención la referencia a la castellanidad de Isabel, a pesar de su nacimiento y residencia en Bruselas:

> *¡Pobre Isabel! ¡Hermosa flor de uno de los países más soleados del Sur! ¿Por qué, oh, por qué te trajo la providencia a los países nórdicos, donde tú, con toda tu amabilidad, tus altas virtudes, tu tierno corazón y tu encantadora belleza te viste condenada a llevar una vida desgraciada, siendo incomprendida, sin recompensa alguna, atormentada de*

muchas maneras… y sin embargo siempre paciente, perseverante, mortificada y mansa como un ángel!

Cuando la historia parece interesarse por la figura de Isabel, lo hace de modo romántico, casi poético. Con motivo de la boda de Gustavo IV de Suecia con la princesa Federica Dorothea Wilhelmina de Baden, en 1797, se pronunció un «Discurso Histórico sobre las Reinas de Suecia» en la Academia Real de Åbo (hoy Turku, en Finlandia). Antes de cantar las alabanzas de las reinas de la dinastía Vasa, fue Isabel objeto de una larga mención, que merece la pena reproducir aquí en traducción castellana:

… y, su dote llenaba las arcas reales, su inteligencia y virtudes fortalecía su gobierno y mitigaban los horrores de sus crímenes; y pese a su noble belleza hubiera debido satisfacer a sus sentidos. El Rey, aun no siendo completamente insensible a los valores de Isabel, dedicaba la mayor parte de su atención a Dyveke. Y Sigbrit siguió manteniendo, aun después de la muerte repentina de Dyveke, tal confianza con el Rey que podía permitirse humillar a la reina e incluso reprocharle su fecundidad, que llenaba el reino de 'príncipes inútiles'. La maldad del Rey llegó al extremo de apartar a la reina de los consuelos sobrenaturales de su confesor y de matar a sus servidores. Pero la tragedia mayor de la reina era el estar desposada con un tirano sanguinario siendo ella de corazón puro y cariñoso: y comprobar vez tras otra cómo sus ruegos eran rechazados por corazón tan duro. Al ver que no podía vencer la crueldad de su esposo con lágrimas, trató de mitigar por su cuenta, con riesgo de su vida, las penas de muchos. Las damas más nobles de Suecia suspiraban en su prisión de la Torre de Copenhague. Su lamento llegó a oídos de Isabel, que les

*mandó alivio en secreto. Ya era suficiente alivio para ellas
ser objeto de la compasión de alma tan noble como la de
Isabel: Y ver a la esposa de Sture, en cadenas, siendo con-
solada por la esposa de Christián, es una imagen ante la
que nos sentimos removidos entre tanta miseria y que nos
lleva a reconocer tu superior virtud, oh mitad más com-
pasiva, virtuosa y humana del género humano. Pero la
venganza siempre alcanza al que obra la violencia: cayó el
poder del tirano. ¿Se vengó entonces la esposa agraviada?
De ningún modo: Siguió a su cónyuge indigno en la caída,
con fidelidad y amor. Cuando los Estados Generales daneses le ofrecieron una pensión real vitalicia, respondió con
pertinacia que prefería seguir al destierro y a la desgracia
a aquél a quien acompañó en sus momentos de triunfo.
Ni siquiera le hizo dudar la perspectiva de ser Regente de
Dinamarca y de sentar a su hijo en el trono que le había sido arrebatado al padre. Ignorando su rancio linaje,
vagó de aquí para allá en Alemania y los Países Bajos,
entre penalidades y desprecios. La hermana del poderoso
Emperador Carlos V no encontró otro consuelo que... la
tumba, el refugio de los desgraciados. Un monasterio de
Gante custodia sus restos mortales: Y sobre su lápida se lee
este texto, más o menos: Dame refugio, tumba pacífica, da
refugio a la infeliz reina del Norte; triste fuiste para mí, oh
mundo. Gracias a pesar de todo por tus bondades. No pido
disculpas, señores, por esta oda a una reina más danesa
que sueca[23].*

---

23. FRANZÉN, F.M., *Om svenska drottningar: historiskt tal i anledning af Konung Gus-
taf IV Adolphs förmälning med Prinsessan Fredrika Dorothea Wilhelmina af Baden*, hållet
den 4 november 1797 för Kongl. Academien i Åbo. Örebro: N.M.Lindh, 1823, pp.
26-28.

Terminaremos diciendo que esta anomalía de silenciar el nombre de una de sus reinas en Suecia va siendo corregida y poco a poco van surgiendo biografías de Isabel, aunque en todas ellas se hace hincapié a su supuesto luteranismo.

Bibliografía de Isabel de Habsburgo

1. ANDERSSON, Ingvar, *Sveriges Historia. 6 ed. (Historia de Suecia)*, Estocolmo: Natur och Kultur, 1964.
2. BAIN, Robert. "Sture". In Chisholm, Hugh. *Encyclopaedia Britannica. 25.* (11th. Ed.) Cambridge, Univ. Press. (pp. 1051-1052).1911.
3. BATAILLÓN. *Erasmo y España.* Fondo de Cultura Económica, 2006.
4. DUGGAN, Anne J: *Queens and queenship in medieval Europe.*
5. GUENÉE, B. *Occidente durante los siglos xiv y xv. Los Estados.* Barcelona, 1973 Hansen Engdahl, A. *"Elisabeth (1501- 1526)"*. Dansk kvindebiografisk lexikon. Edición digital. Copenhague, 2003.
6. HEISE, A., *"Elisabeth (Isabella)",* Bricka, C.F. (ed.), Dansk Biografisk Lexikon Vol. 4, Copenhague, 1890.
7. HENRIKSSON, A. & Berg, B. Dansk historia. Estocolmo: Bonnier, 1989; y Jorgensen, G., Dronning *Elisabeth af Danmark*, Copenhague, 1901.
8. Kvindebiografisk Leksikon (diccionario biográfico en sueco).
9. LEÓN DE LA VEGA DE. Manuel. *Los Protestantes y la Espiritualidad Evangélica en la España del Siglo xvi.* Consejo Evangélico del Principado de Asturias.
10. LINDQVIST, Herman: *Historien om Sverige* ("The History of Sweden").
11. LISK, Jill. *The Struggle for Supremacy in the baltic: 1600-1625.* Funk and Wagnalls, New York, 1967.
12. MÖRNER, M., *Episoder ur de svensk-spanska förbindelsernas historia* – Episodios de la historia de las relaciones hispano-suecas.
13. SCOTT, Franklin D. *Sweden. The Nation's History.* Southern Illinois. University Press, 1988.

MARÍA DE HABSBURGO (1505-1558) CASÓ CON LUIS II JAGELLÓN DE HUNGRÍA Y BOHEMIA

Primeros años y educación de la archiduquesa María

Fue doña María la quinta hija de Felipe el Hermoso (hijo de Maximiliano de Austria y de María de Borgoña) y de doña Juana, hija de los Reyes Católicos. Nació la archiduquesa en Bruselas, en el palacio de Coudenberg, el 18 de septiembre de 1505.

Dicen las malas lenguas que María fue fruto de una de las muchas reconciliaciones de sus padres tras una de sus frecuentes y sonadas peleas; como quiera que fuese, ella, al igual que sus hermanos, casi no conoció a sus padres pues estos abandonaron Flandes para venir a España (enero de 1506) cuando ella apenas tenía cuatro meses de edad. Los padres nunca volvieron y por las biografías anteriores de los otros príncipes ya sabemos que todos ellos quedaron en Malinas, en donde finalmente fueron encomendados al cuidado de su tía, la gobernadora de los Países Bajos, Margarita de Austria, la viuda del príncipe Juan de Trastámara.

Todos esperaban que los archiduques don Felipe y doña Juana regresaran a Flandes una vez coronados como reyes de Castilla y Aragón y de las posesiones de ultramar, pero el destino alcanzó a

Felipe el Hermoso y este falleció el 12 de septiembre de ese mismo año de 1506.

La reina Juana no fue capaz de afrontar con la necesaria decisión la ambición de su padre, don Fernando de Aragón, quien, junto con Cisneros, decidió que el estado mental de Juana la impedía ser la reina de Castilla.

En realidad, también su marido, don Felipe, conjuntamente con su padre, don Fernando y Cisneros, que aún no era cardenal por entonces, ya se habían conjurado con anterioridad para impedir el reinado de Juana[24]. Es verdad que Juana había demostrado tener una razón débil pero todos los hombres que la rodearon y a los que ella amó la empujaron a una demencia depresiva. No es este el lugar para hablar de la desdichada Juana, solo mencionar que fue recluida en Tordesillas y su hija María no volvió a verla hasta que Carlos (V) vino a Castilla, en 1516.

María fue educada en la corriente más moderna de su tiempo: el Renacimiento, que suponía los conocimientos de los clásicos, griegos y latinos, la filosofía, el arte, la música así como las matemáticas y otras ciencias como la geografía pues el mundo había crecido desmesuradamente. En Malinas, bajo la tutoría de su tía *bonne tante* Margarita fue educada al igual que sus hermanos con los mejores maestros inclusive con los españoles Juan de Achiata y Luis de Vaca que también eran maestros de Carlos, el heredero, para quien se buscaban los mejores maestros del momento.

Prometida en matrimonio por su abuelo Maximiliano como esposa del primogénito del rey de Hungría, a los diez años fue llevada a Austria para prepararse para su futuro reinado en tierras magiares, y allí demostró interés por las artes, sobre todo por la lectura y la pintura, afición esta última que cultivó toda su vida. Esta afición la llevó a ser mecenas de las artes y coleccionista ella misma. En cuanto a los libros,

---

24. Ver nuestro libro *Mujeres renacentistas en la corte de Isabel la Católica*. Editorial Castalia. Madrid 1999.

fue la reina una bibliófila apasionada como veremos más tarde. En su ciudad de origen y en la corte de su tía, tuvo a su disposición una amplia biblioteca, disfrutando de la de Borgoña y de la de Saboya.

Su abuelo Maximiliano que conocía la inteligencia de su nieta, se encargó de que su formación incluyera instrucción política, y con este fin la archiduquesa, durante su estancia en Viena, recibió un ejemplar de *Tripantitum opus iuris consuetudinarii inclyti regni Hongariae* (Viena, 1517), de Stephan Werböczy (ca. 1460-1542) libro en el que pudo comenzar a aprender las costumbres de Hungría.

En resumen, doña María recibió la más exquisita educación que en esos momentos se podía proporcionar en los Países Bajos y luego en la corte vienesa, en donde siguió preparándose para su papel de futura reina. Todos sus educadores apreciaron su clara inteligencia. Cuando ella conoció al embajador veneciano en Innsbruck, este escribió al *dogo* sobre la impresión que se había formado sobre la resuelta voluntad de la joven y su juicio sereno. Así que el embajador Contarini reportó en su informe que ella, María, vistas sus dotes sería en el futuro «una mujer importante»[25].

Bien es sabido que antes de que Lutero irrumpiera en el campo de las ideas religiosas, ya Erasmo de Rotterdam había pedido un cambio en la Iglesia, unas costumbres más piadosas y verdaderas. Inclusive Carlos V fue seguidor de las ideas de Erasmo y la archiduquesa María también simpatizaba abiertamente con el erasmismo, pues Erasmo de Rotterdam había sido su tutor y preceptor; más tarde María se mostró interesada por la reforma luterana, y Lutero, en 1526, le dedicó una versión de los Salmos, por esta dedicatoria muchos asumieron que la reina era luterana y la tacharon de hereje. En todo caso las enseñanzas de Erasmo la hicieron tolerante y amplia de miras y ello la ayudó en su visión política de las dificultades propias de la gobernación de las gentes.

---

25. ALBÉRI, E. *Relazioni degli Ambasciatori Veneti al Senato, Florence*, 1839-41. p.682 en DE IONGH, Jane. *Mary of Hungary: second regent of the Netherlands.* Publisher, Faber & Faber, 1958. p. 47.

En el V Congreso sobre la Historia de las Mujeres, Cruz María Martínez nos dice:

Balthazar Castiglione describió las virtudes de María como las de un auténtico caballero: noble de nacimiento, hábil en la guerra, buen jinete, atlética, interesada en la poesía y la historia, erudita y comprensiva, y capaz de manejar el griego y el latín. Logró expresarse con fluidez en una docena de lenguas, como francés, italiano, español, alemán y húngaro.

… Recibió la gran influencia de su tía Margarita de Austria, en su entorno pudo disfrutar de la música del coro de Borgoña (…). Se rodeó de los tesoros que coleccionaba Margarita, de los diseños de arquitectos y escultores que trabajaban en su monumento y de las conversaciones de eruditos y artistas que acudían a ella. Allí adquirió el gusto borgoñés/Habsburgo por la música, las artes y las ceremonias. Sabemos por las cuentas de pago, que Hendrik Bredeniers, el organista de la capilla archiducal, dio clases de música a ella y sus dos hermanos en Malinas. La niña demostró tener talento para la música, en la que se refugiaría en tiempos difíciles.

Aprendió a usar la aguja de coser y a hacer encaje teniendo como maestra a su tía, que aprendió estos conocimientos en Francia, España y Flandes…

No es una mala descripción del variado talento de doña María.

Como era costumbre en el Renacimiento, tampoco se había de descuidar la formación física así que la archiduquesa llegó a ser consumada jinete, gustaba de la caza, de la vida al aire libre y amaba los caballos, quizás por su afición a la equitación, y era hábil con la aguja y el bordado.

Hungría y Bohemia en el siglo XVI. La llegada al trono de Luis II

Mientras Carlos se hacía adulto y estaba en disposición de buscar buenas bodas para sus hermanas, su abuelo Maximiliano había estado ya cavilando sobre ese asunto. En todo caso, siempre se buscó para sus nietas un trono que las llenase de dignidad y poder y que al tiempo fuese conveniente para la Casa de Austria y aupase a la estirpe de los Habsburgo en el camino de la supremacía y de la influencia en toda Europa.

Si para la mayor de las hermanas, Leonor, se había dispuesto un lugar como reina consorte de Portugal y luego cuando enviudó se la volvió a casar con Francisco I encumbrándola al trono de Francia, no fue solo por hallarle un lugar digno sino también por ver si la archiduquesa podía influir sobre su marido para mejorar las relaciones de este con su hermano Carlos V.

Por medio de la boda de Isabel, Carlos había buscado expandir su propia influencia casándola en el lejano reino de Dinamarca; para María diseñó un lugar en Hungría, casándola con el heredero al trono magiar, Luis (II), hijo de Vladislao II de Hungría y de la condesa Ana de Foix-Candale, nacida en Francia.

Dado que la importancia de María en la historia está parcialmente en función de su reinado, creemos que hay que presentar al lector la realidad de ese país en el siglo XVI. Vamos a arrancar a finales del siglo XV con la muerte de Matías Corvino[26] en 1490.

---

26. Matías Corvino: durante su reinado en Hungría llegó a tener el mayor territorio de su historia, ya que este país comprendía Dalmacia, Bulgaria, Silesia y el Sudeste de Alemania Incluso quiso crear un imperio tan grande como el otomano y para ello conquistó el oeste de Austria, con su capital, Viena. Tras sus guerras con el aspirante Federico III, por el Tratado de Olomuc, obtuvo Moravia, Silesia y Lusacia. El reinado

Cuando Corvino falleció, su Imperio englobaba el reino de Hungría (que a su vez incluía a Croacia), Bohemia, así como una parte de Austria.

A la muerte de este rey, el trono quedó vacante pues el soberano no había dejado sucesores legítimos, dejó un hijo, Juan Corvino, pero era ilegítimo y la nobleza se negó a reconocerlo como heredero al trono; así las cosas, finalmente heredó la Corona húngara el rey de Bohemia: Vladislao Jagellón (que por parte de su madre era nieto del rey Alberto de Hungría); cuando Vladislao fue coronado el 1490, muchos nobles húngaros apoyaron al nuevo rey, considerando efectivamente que no había otro más capacitado para ocupar el trono húngaro pues se requería de alguien que pudiese luchar contra los turcos y que asistiese al reino con los ejércitos bohemios. Vladislao II casó con la condesa Ana Foix-Candale y se mudó a Buda, capital del Reino de Hungría, desde donde gobernó las dos naciones hasta su muerte en 1516.

Tras su fallecimiento, subió al trono su hijo, quien había nacido en Hungría, dominaba el idioma y había adoptado las costumbres húngaras. Por consiguiente, Luis II de Hungría, quien nos interesa para nuestra historia, se convirtió desde joven en el soberano de húngaros y bohemios.

Vladislao II había tenido muy pronto a su hijo Luis (II), quien ya creció y se formó en todo y para todo en la cultura húngara. Fue un joven inteligente y estudioso, dominaba no solo su propio idioma, sino que su maestro, el presbítero de Vysehrad, Dimitrich, le enseñó el idioma checo y el joven aprendió al mismo tiempo latín, alemán y polaco, siendo considerado, y con razón, un príncipe culto e instruido en ciencias y artes como la danza y la música. Igualmente, fue educado por los poetas Jerónimo Balbi y por Jacobo Piso, mientras que su entrenamiento militar estuvo a cargo de Jorge de Brandemburgo. El joven, con estos maestros, llegó a ser un excelente espadachín y un bailarín inigualable.

Se da la circunstancia de que la madre de Luis, la condesa Ana Foix-Candale, había muerto durante el parto, dejando al niño huérfano y

---

de Matías fue el capítulo más glorioso de la historia de Hungría, ya que su territorio llegó a alcanzar límites de imperio, de él se dice que fue un gobernante justo y sabio, siendo considerado el más popular del folclore húngaro (con excepción de Esteban de Hungría).

al esposo viudo. Dicen que a consecuencia de esta inesperada muerte de la esposa, Vladislao sufrió un derrame cerebral que le pesó el resto de su vida y así el monarca cayó en una especie de estado letárgico que podría ser considerado perfectamente resultado de un accidente cerebral. De esta manera, con una salud débil, con un heredero menor de edad y sin poder valerse por sí mismo desde 1506, la figura del monarca húngaro quedó desplazada y parte de la nobleza húngara y el clero gobernaron en su lugar. Maximiliano de Austria había puesto sus ojos en aquel lejano país y ya desde que el joven Luis era niño se habían entablado conversaciones para emparentar a las dos familias, la de los Jagellón y la de Habsburgo por medio de un matrimonio concertado entre hijos de ambas ramas.

Aunque en principio se habían llevado las conversaciones directamente entre los reyes, al caer Vladislao en su malatía, las conversaciones fueron llevadas —en la parte de Hungría— por los clérigos más significativos del reino: el obispo Jorge Szatmári y el arzobispo Tomás Bakoczs. Ambos se ocuparon siempre del joven Luis, siendo ellos los que condujeron la política exterior húngara y completaron las negociaciones diplomáticas con los Habsburgo para sellar el doble matrimonio entre los hijos de ambos reyes: el archiduque-infante Fernando, hermano de Carlos V, con Ana Jagellón de Hungría y la boda de Luis II Jagellón de Hungría con la archiduquesa-infanta María de Habsburgo. Como muestra de aprecio por parte de los Habsburgo, en 1515, el joven Luis fue nombrado caballero de la Orden del Toisón de Oro, máxima condecoración de la Casa de Austria.

El matrimonio de la archiduquesa María de Habsburgo

Tal y como adelantamos fue Maximiliano de Austria quien en principio había ideado la boda de María con Luis II Jagellón, cuando ambos futuros contrayentes eran apenas niños, al llegar Carlos V a la jefatura de la familia, vio las ventajas de tal unión y respetó los términos de este acuerdo, sobre todo porque le resultaba muy útil ya que Carlos necesitaba el apoyo de la nobleza centroeuropea para poder contrarrestar el poderío creciente y desafiante del Imperio otomano que cercaba por tierra y por mar a su Imperio y por ende a toda la cristiandad a la que el sultán estaba presionando desde oriente.

En cumplimiento de lo tratado entre ambas Casas, la joven prometida llegó a Budapest en 1521, un año antes del proyectado matrimonio y los húngaros, muy ceremoniosamente, la alojaron en el palacio de Buda. Dado que la joven había nacido en 1505, cuando llegó a su nueva patria tenía dieciséis años. En ese año de espera, no solo se preparó la boda sino que la joven María continuó con el aprendizaje del idioma del que había de ser su reino.

A pesar de que la boda había sido planeada con mucha anticipación, llegado el momento los húngaros se mostraron recelosos ya que la familia de la nueva reina era tan poderosa que temían de alguna manera ser absorbidos por su grandeza. No sintiéndose bienvenida María tuvo dificultades en adaptarse a su condición de reina de un país que la miraba con prevención y desconfianza. Esta desconfianza o temor venía, no de la misma María, sino del matrimonio de la otra hija de Vladislao, Ana Jagellón, que había casado con Fernando de Austria, de quien recelaban se apoderase de Hungría si Luis II fallecía sin herederos. Temían ser absorbidos por la Casa de Austria, en cuyo caso su país perdería importancia entre las muchas naciones que estaban bajo el cetro de los Habsburgo.

Su abuelo Maximiliano había dicho siempre que María era la que tenía el más brillante intelecto de la familia, y tuvo razón. María demostró tener una notabilísima habilidad política y administrativa y a la larga fue reconocida por todos los parientes Habsburgo como el talento político de la familia.

La capacidad e inteligencia para la política que su abuelo había detectado en la joven María, y las enseñanzas específicas de esta ciencia, estaban dando sus frutos. Esta habilidad también le sirvió para ganarse la simpatía de sus súbditos y para aconsejar a su esposo y en el futuro para gobernar otros reinos, pero en eso no entraremos aún.

La vida de la reina en la corte nunca fue tranquila, siempre estuvo rodeada de tensiones e inquietudes, no solo internas sino también debido al cerco y presión que Solimán el Magnífico sometía a los territorios de Luis II; en cualquier momento se esperaba un ataque de parte de la Sublime Puerta, ataque que si los cogía desprevenidos o en inferioridad de condiciones podía terminar con un desastre.

Por otro lado, la salud de Luis nunca fue buena y ello era motivo de tribulación y aprensión por parte de su esposa. En todo caso, todos los historiadores están de acuerdo en que la archiduquesa amó tiernamente a su esposo y ello la ayudó a sobrellevar otras dificultades de su vida en común.

A trescientos kilómetros de la capital de Hungría, los ejércitos de Solimán con sus temibles jenízaros, no dejaban de amenazar la integridad territorial del reino y la vida misma de los cristianos. Además de este peligro inmediato, el mundo cristiano católico romano se veía severamente amenazado, no solo por la inminente invasión turca, sino por el levantamiento a través de toda Europa de los llamados *protestantes*, los seguidores de Martín Lutero, cuyas doctrinas se iban extendiendo por Centro Europa y ganando adeptos entre los príncipes cristianos. En 1523, la Gran Asamblea de Buda decretó que todos aquellos luteranos que se enfrentasen directamente a la Iglesia y no pagasen el diezmo debido, en aras de mantener el orden en el reino, serían condenados a perder sus bienes.

En la corte de Bohemia, la reina doña María conoció a Lutero y Bohemia fue durante mucho tiempo el hogar de varios reformadores religiosos. María dio la bienvenida a los debates del periodo en su corte, y por ello fue acusada de simpatía con el luteranismo, con cuyo ideólogo estableció una relación por carta, pero no hay evidencia tangible de que alguna vez concibiera la idea de abandonar la Iglesia católica.

La amenaza otomana. Mohács. Fin del reinado de María

La Sublime Puerta encabezada por el gran sultán, Solimán, apodado el Magnífico, deseaba entrar de manera definitiva en Europa y asentarse en territorios que de momento estaban en poder de los cristianos.

El rey húngaro, Luis, sabemos que no disfrutaba de buena salud, sus más íntimos colaboradores y consejeros, los clérigos Tomás Bakocz y Jorge Sztmári habían fallecido el primero en 1521 y el otro, tres años más tarde, en 1524, dejándolo sin sus valiosos consejos, ello también significó un desgaste añadido a la mala salud del joven rey.

Sabedor de esta circunstancia, en 1526, el sultán creyó llegado el momento de dar un golpe definitivo y sus huestes avanzaron en dirección al reino de Luis II. El rey de Hungría, al verse amenazado por una nueva acometida sarracena pidió auxilio a su cuñado, el César, y también a su tío Segismundo, rey de Polonia y Lituania; pero estos en lugar de acudir en auxilio de su deudo siguieron en sus preocupaciones locales tales como los efectos de la reforma protestante y otros similares, abandonando a su suerte a Luis II.

Sin ayuda de sus parientes el rey húngaro se dispuso a hacer frente a Solimán y los suyos. El 23 de abril el Gran Pachá y su ejército partieron de Estambul, son 70 000 u 80 000 hombres de armas, en agosto el ejército aliado había reunido 12 000 jinetes y 13 000 infantes de a pie. El ejército cristiano era reducido en comparación al de los musulmanes, quizás debió el rey esperar a los refuerzos que enviaban los checos y croatas de

Transilvania, quizás no pudo esperar por la presión de los musulmanes, lo cierto es que ambos ejércitos se enfrentaron en Mohács.

Los húngaros escogieron el terreno de batalla, Mohács, una planicie abierta que lindaba con el Danubio y que estaba sembrada de zonas pantanosas. Los turcos avanzaron sin encontrar oposición, asediaron ciudades y cruzaron los ríos Sava y Drava mientras Luis II aguardaba en Buda.

Comandaban los ejércitos reales el arzobispo de Kalocsa, Pablo Tomori, el arzobispo de Esztergom, Ladislao Szalkai y el conde Jorge de Zápolya. En dos horas, los turcos resolvieron la batalla. Si bien en un principio los cristianos parecieron rechazar el ataque otomano, pronto llegó de refuerzo un contingente sarraceno que entró en tromba en el combate y tras varias andanadas disparadas por cañones y mosquetes diezmaron a sus enemigos.

Los cristianos enviaron a su caballería, pero este movimiento fue en vano pues esta fue aniquilada por la artillería otomana.

Vista la situación, los cristianos emprendieron la huida, pero muchos cayeron en los pantanos y con el peso de sus armaduras no pudieron salir de allí.

Lo mejor de la nobleza húngara falleció en la batalla de Mohács, inclusive su joven rey, que, alejado de los suyos, fue muerto y su cadáver quedó en las marismas, todavía en su silla de montar. Unos 10 000 infantes y 5000 jinetes murieron en la batalla.

Fue un completo desastre. Entre otras víctimas significativas, cayeron en la batalla de Mohács los ya nombrados arzobispo Pablo Tomori de Kalocsa, el conde Jorge de Zápolya y Ladislao Szalkai, el arzobispo de Esztergom. También cayeron Francisco Balassi, Nicolás Tharczai, miembro de la cámara real, Juan Paksy de Pakos, Juan Istvánffy, miembro de la corte real, Emérico Wárday, Miguel Podmaniczki, Jorge Orlovcsics, capitán del castillo de Zeng, Esteban Aczél, capitán del castillo de Bratislava, el anciano Segismundo Pogány de Cséb, abanderado real y exdirector de la cámara de sal de Mármaros,

Juan de Tornalya, Juan y Esteban de Lánya, Juan Drágffy de Béltek, juez del reino, así como Nicolás Forgách.

Murieron en la contienda cerca de 500 nobles de alto rango, miles de nobles de bajo rango e innumerables soldados.

Con esta sonada derrota, comenzó en Hungría un periodo de más de siglo y medio de batallas entre húngaros y turcos, así como la posterior división del reino en tres partes, pero esa parte de la historia cae fuera de nuestro estudio.

El 29 de agosto de 1526 María de Habsburgo dejó de ser reina de Hungría para ser reina Viuda, tenía veintiún años, no había tenido hijos así que su presencia en Hungría ya no era necesaria, no tenía allí nada que hacer, bajo estas premisas la archiduquesa abandonó la tierra en la que había reinado y se dirigió al a corte de su hermano, Carlos V.

María, reina viuda y gobernadora

Viuda y con veintiún años, María vuelve con su hermano Carlos y pronto impulsa una moción para, junto con sus hermanos, jurar lealtad a Carlos como jefe de la familia Habsburgo. Con este juramento se aceptaba en primer lugar la mayor jerarquía del César y en segundo lugar la del hermano segundo: Fernando (de quien ya hemos hablado).

También se aceptaba la teoría de la ayuda y protección mutua y la colaboración de todos a la mayor gloria y engrandecimiento de la Casa de Austria. Carlos apreciaba mucho a su hermana y le tenía que agradecer muchos favores pero aun así sintió que debía de reprenderle por sus «veleidades» luteranas, y así lo hizo. Ella aceptó de buen grado los reproches del emperador, en parte porque sentía por su hermano gran respeto y consideración y en parte porque desde la muerte de su esposo dependía tanto del emperador como de su hermano Fernando para subsistir con cierto decoro y de acuerdo a su alcurnia, ya que Luis II estaba prácticamente arruinado al igual que su reinoen el momento de su muerte. No era el momento propicio para que su viuda se rebelase. Sin la protección de su hermano el emperador, no tenía a donde ir para conservar su rango y su tren de vida.

Al ser joven la viuda, Carlos proyectó un nuevo matrimonio para su hermana María, así le propuso un enlace con el rey Jaime V de Escocia (1512-1542). En realidad, el príncipe era siete años más joven que ella que en ese momento tenía veinticuatro años, y Jaime no estaba entonces en el trono de Escocia pues su madre, Margarita Tudor, había sido expulsada del trono al volver a casarse a la muerte de Jacobo IV, padre de Jaime (V).

El joven Jaime había sido coronado cuanto tenía un año de edad pero su tío, John Stewart, duque de Albany, había tomado el trono por la fuerza. Por no dejar la historia inconclusa diremos que Margarita Tudor se divorció y recuperó el trono para su hijo en 1528.

Habiendo rechazado este matrimonio, el otro hermano de María, Fernando, le ofreció que permaneciera como regente de Hungría, y gobernase en su nombre y representación ya que él, a través de Ana Jagellón había heredado el reino de Hungría y ella ya había reinado allí y conocía la idiosincrasia de esa gente; pero ella renunció a ambas proposiciones y anunció que quería servir al emperador directamente, al igual que lo había hecho durante su vida su tía Margarita. Su determinación hizo que al fin predominara su voluntad sobre las peticiones de sus hermanos varones.

Desde que quedase viuda, María adoptó interna y externamente un modo de vida monacal inspirada en la *Devotio Moderna*[27]. Y no solo la

---

27. La *Devotio Moderna* se relaciona con el Humanismo Cristiano, una mezcla de humanismo y cristianismo. Sus miembros aspiraban a vivir santamente en el mundo como una comunidad religiosa, pero sin hacer votos públicos. El Humanismo Cristiano abogaba por el estudio de los textos fundamentales de la cristiandad para llegar a una relación individual e interna con Dios, con la expansión y generalización de la imprenta los devotos de esta doctrina pudieron leer directamente las Escrituras. Con los ideales del Humanismo Cristiano, la *Devotio Moderna* recomendaba una actitud mucho más individual hacia las creencias y la religión.

Devotio Moderna indicaba el modo de comportarse y de vestir de las viudas si no que ya desde siglos atrás se había convenido que las viudas abandonasen los trajes normales y vistieran de luto, estos eran vestidos negros, amplios e informes y en la cabeza tocas asimismo negras.

En Castilla, había sido Catalina de Láncaster quien había legislado explícitamente cómo habían de vestir las viudas. La dama viuda, como cristiana que era, tenía que dar ejemplo de recato, aunque en realidad se la obligaba a ser el recuerdo viviente de un muerto.

Era tradicional que las viudas honrasen la memoria del marido difunto y que se encerrasen en sus prendas negras de por vida. Haciéndose eco de esta costumbre Cayetano Rosell en su drama histórico *La Madre de San Fernando* al referirse a doña Berenguela la describe así:

> Más siendo al par, reina y viuda
> En celda y traje monjil,
> Por ley de más de un Concilio
> Debe morar y morir.

Y Lope de Vega, en *Las Muñecas de Marcela* escribe:

> No quiero vellas (verlas) vestidas
> como otra Urraca, Fernando,
> por tu muerte, en vez de galas,
> monjil negro luengo y basto…

Por su parte Erasmo de Rotterdam, hombre respetado en toda Europa y que mantuvo lazos estrechos con la familia real desde el tiempo de los Reyes Católicos, tiene una obra, *La Viuda Cristiana*, en el cual expone su teoría y consejo sobre el vestido de las viudas:

> *¿Qué importancia tiene en nuestro caso el vestido? El vestido es la parte más exterior del hombre. El porte del cuerpo revela el alma. El cuerpo es el vestido del alma.*

Del modo e vestir se colige como la carne es castigada y si la sencillez del vestido no es necesaria para la castidad de la viuda, ciertamente conviene para apartar los ojos de la gente moza, para quien el vestido recomienda muchas veces el cuerpo, porque apetezcan lo que no es lícito desear...

En 1690, la francesa Marie Catherine le Jumel de Barneville, hizo un viaje a España y comentó[28] de una dueña viuda:

... Llevaba el cuerpo de una tela negra y la falda lo mismo y por encima una especie de sobrepelliz de tela de batista, que le caía hasta más debajo de las rodillas. Las mangas eran largas, muy estrechas en el brazo y llegaban hasta las manos. Este sobrepelliz se sujetaba al cuerpo y como no estaba plisado, por delante parecía que era un babero. Llevaba en la cabeza un trozo de muselina que se habría pensado que era un griñón...

Para conformarse a este estereotipo y porque deseaba «ser ejemplo de mujer casta y cristiana» doña María se ciñó a este modelo y también porque su amada tía, *bonne tante* Margarita, había adoptado ese patrón dando así un ejemplo a seguir por sus sobrinas, que la admiraban.

Tras anunciar su voluntad de servir al emperador directamente, al igual que su tía Margarita, decide no abandonar la corte de esta. Desde entonces la viuda se hace más piadosa. Inspirada en el ideal religioso y cultural de la *Devotio moderna*, optó por una forma de vida religiosa al estilo de las mujeres de un beaterio, con modos y maneras que se acentuaron cuando Leonor, otra de las hermanas, llegó a su lado (1548) tras haberse quedado viuda de su marido el rey de Francia Francisco I. Doña María de Hungría para entonces ya llevaba viuda unos veintidós años.

---

28. *Relación del viaje a España (1690-1691) y Memorias de la corte de España.*

Desde el inicio de su viudez, su imagen pública había cambiado para siempre, a partir de entonces, todos sus retratos la muestran con un severo atuendo de viuda austero y sobrio, como muestra el realizado por el círculo de Tiziano de 1531. Su imagen fue continuación de la mostrada por Margarita de Austria y más tarde ese mismo exterior inspirará a la infanta Isabel Clara Eugenia cuando quedó viuda del archiduque Alberto.

La gobernadora, doña Margarita de Austria, la muy querida *bonne tante* Margarita, había sido una verdadera madre para Carlos y sus hermanas, y tanto María como las demás hermanas y hermanos la querían y admiraban, tanto es así que según quedaban viudas o desamparadas, todas volvían bajo sus alas y protección, y muerta ella la imitaban tanto como podían y seguían su ejemplo como el que se sigue de una madre bienamada.

María deseaba imitar a su tía, tan amada por otro lado. Quizás por este deseo de imitar a Margarita de Austria anunció que, como ella, deseaba servir al Imperio especialmente en las Provincias por lo que probablemente ya había contemplado suceder a su tía como regente de los Países Bajos[29]. En 1530, se celebró la Dieta de Augsburgo, es entonces cuando María sugiere a su hermano Carlos la posibilidad de heredar la regencia de Margarita sobre los Países Bajos, no sabemos si el emperador tomó en serio esta oferta pues Margarita cumplía a su plena satisfacción con el gobierno de esas tierras pero sucedió que a finales de ese mismo año la querida tía de todos los hermanos, murió. Fernando entonces propuso a su hermano Carlos la candidatura de María para cubrir la plaza que hasta entonces había desempeñado Margarita de Austria.

Tras sopesar la sugerencia de Fernando, Carlos tomó su decisión y se reunió con su hermana María en la ciudad de Lovaina el 4 de marzo

---

29. DOYLE, Daniel R. *"The Body of a Woman but the Heart and Stomach of a King: Mary of Hungary and the Exercise of Political Power in Early Modern Europe"*. Tesis doctoral, Minesota: Universidad de Minesota: 1996. p. 18.

de 1531 y allí le entregó el César sus últimas instrucciones. María había viajado desde Viena para ser nombrada gobernadora general, tenía solo veinticinco años pero reunía muchas cualidades para el cargo; no solo por su clara inteligencia y su devoción por su linaje, sino que también era una magnífica lingüista, gran amazona, buena cazadora, no rehuía la guerra si ello era necesario, tenía sentido político… en una palabra era un sujeto ideal para el cargo; así que para cumplimentar la parte oficial se reunieron los Estados generales en Lovaina y el 1 de julio de ese mismo año se le entregó a doña María, legalmente en forma y manera, su título de gobernadora general con plenos poderes, aunque para que la ayudaran en su tarea de gobierno Carlos había ordenado que se constituyeran tres Consejos: un Consejo de Estado, otro Privado y por último uno de Hacienda. Todos estos para que la asistiesen y asesorasen en asuntos importantes o difíciles.

No fue fácil el gobierno de los Países Bajos. Fueron veinticinco años de inestabilidad política en todo el continente. La presión de los primeros años de gobierno fue tan dura que María enfermó. Al año de su mandato, sufrió una depresión tan fuerte que llegó a preocupar a Carlos, el cual envió órdenes de que aliviasen el trabajo de la gobernadora para que pudiese reponerse a la mayor brevedad.

Durante su mandato, María intervino en el conflicto que de siempre había entre Carlos y Francisco I y desde su posición intentó hacer entrar en razón al monarca francés, no solo una sino en varias ocasiones, pero viendo que la palabra era inútil, facilitó a su hermano armas y soldados para que este arreglase el conflicto de otra manera. Además hizo vigilar sus fronteras para impedir invasiones de parte de Francia, y llegó inclusive a estar en primera línea animando a sus hombres.

Desde el comienzo de su reinado, el emperador Carlos había obtenido gran parte de sus recursos para la guerra de las ricas Provincias de los Países Bajos, pero estas eran contrarias a la política antifrancesa desarrollada por el emperador. Francia era un país limítrofe y gran parte del comercio de las Provincias se realizaba con los franceses, la hostilidad entre Francia y el César repercutía en el comercio y lo perjudicaba gravemente.

Acudiendo a la petición de su hermano, en 1539, la gobernadora impuso a sus súbditos un nuevo tributo para sufragar los gastos de las guerras de Carlos, pero los ciudadanos de Gante se negaron a aceptarlos, tanto fue el descontento que los burgueses se apoderaron de la ciudad incitando a la revuelta a las metrópolis vecinas y llamaron en su ayuda al rey de Francia. Pero Francisco I no respondió a su llamado y los ignoró, como años atrás había hecho Luis XI con los habitantes de Lieja sublevados contra Carlos el Temerario.

En realidad, Francisco les negó ayuda, no por amistad a España, sino porque acababa de firmar unas paces con España y era demasiado pronto para romperlas, es más, esta vez permitió el paso de las tropas españolas por Francia y agasajó al emperador con fiestas y celebraciones varias. En los Países Bajos, María aplastó la revuelta sin contemplaciones.

A la muerte de su hermana Isabel de Dinamarca, acaecida en 1526, María se hizo cargo de los hijos que esta había tenido con su esposo el rey Christian II, imitando así a su querida tía Margarita que también había criado a los hijos de Felipe el Hermoso, es decir a Carlos, a ella misma y a todos los hermanos que no estaban en Castilla. Admiradora como era de la *bonne tante* Margarita, también en esto la imitó lo mejor que pudo y supo.

A fin de preservar los derechos de sus sobrinos al trono de Dinamarca, más bien teóricos que otra cosa, María inició algunas maniobras de índole política para tratar instaurarlos en el trono de su padre, pero nada llegó a buen fin por las guerras contra Francia que impidieron el desarrollo de las mismas.

Por entonces, Carlos empezó a maniobrar para colocar a sus sobrinas (las hijas de la difunta Isabel de Dinamarca) en tronos que fuesen del agrado y utilidad de la Casa de Austria, tal y como había hecho con sus hermanas. María, que sentía un gran cariño hacia estas niñas,

Dorotea y Cristina, por haberlas criado, se opuso a ello cuando se enteró de que su sobrina Cristina de Dinamarca había de casar con el duque de Milán, Francisco Sforza, anciano señor para una niña adolescente. Sin embargo, sí participó activamente en las negociaciones matrimoniales para casar a Dorotea[30], la otra hija de su hermana, con Federico del Palatinado, el cual le pareció adecuado para el futuro de la joven.

Doña María promotora de la Casa de Austria y del Imperio

Otra de las preocupaciones de María durante su gobierno, fue la de hacer popular la figura de su hermano, el emperador, para ello se preocupó de hacer lucir pinturas de él en todos los palacios así como bustos y esculturas inspiradas en la corriente del Renacimiento[31].

30. Habiendo fallecido el hermano varón y siendo Dorotea la mayor de las dos hermanas supervivientes, era Dorotea la heredera, al menos nominalmente, de los tronos de Dinamarca, Suecia y Noruega. El matrimonio con Federico, elector del Palatinado, parcialmente se realizó porque se suponía que él podía ayudar a su esposa a recuperar los tronos de aquellos países de los que era heredera pero ello no resultó efectivo. En 1536, desapareció toda esperanza de recuperar los tronos de Dinamarca y Noruega y aunque en teoría los Habsburgo seguían apoyando la reclamación a tales Coronas, no tomaron medida alguna para llegar a tal fin. En 1544, Federico se convirtió en Elector, ese mismo año los Habsburgo le retiraron su apoyo. La pareja no tuvo hijos. Dorotea falleció el 30 de mayo de 1580.

31. Sobre la galería de retratos de Margarita de Austria y su importancia como modelo que seguirá su sobrina María de Hungría, véase el estudio de Dagmar EICHBERGER y Lisa BEAVEN, "*Family members and political allies: The portrait collection of Margaret of Austria*", *The Art Bulletin*, LXXVII, 2 (1995), pp. 225-248. Igualmente, de Dagmar EICHBERGER, véanse: "Margaret of Austria's portraits collection: Female Patronage in the light of dynastic ambitions and artistic quality", *Oxford Journal of Renaissance Studies*, 10, 2 (1996) pp. 259-279 y *Margaret von Österreich, Regentin der Niederlande*, Turnhout, Brepols, 2002.

La imagen legendaria que hoy tenemos del César, la debemos principalmente al interés que se tomó su hermana en hacerlo aparecer como todo un mito ante los ojos de Europa, pues ella fue la promotora de obras tan simbólicas como la pintura por Tiziano de *Carlos V en la Batalla de Mühlberg* en la que el rey aparece como la quintaesencia del caballero cristiano, un defensor de la fe, un nuevo san Jorge, o *Carlos V y el Furor* de los Leoni, en donde aparece como un emperador vencedor, en este caso, de la herejía que yace derrotada a sus pies. Todo esto constituía lo que hoy llamamos «propaganda artística» y de este modo configuró para siempre parte de la iconografía que ha caracterizado a la monarquía española en siglos venideros.

El emperador Maximiliano ya había intentado engrandecer la percepción que de la Casa de Austria tenían los pueblos a través de la iconografía. A la muerte de Maximiliano, María tomaría el relevo a la hora de engrandecer su dinastía a través de iconografías que continúan anunciando el origen mítico de Carlos y relacionan sus batallas con las de sus sucesores, las sagas de retratos familiares que exaltan a toda la familia además de pinturas que resaltan el poder de los Habsburgo, y la propaganda artística que resalta la figura de su sobrino Felipe II como sucesor. Por supuesto, no todo el arte que María patrocinó sirvió a esta idea, y además en muchos de estos programas aparecerá su escudo y el de Luis II, señal de que nunca perdió su identidad ni tampoco olvidará el haber sido reina de Hungría[32].

María era muy consciente del papel de la Casa de Habsburgo y de la importancia que esta tenía en Europa como vertebradora y unificadora de la política y de la religión. Desde su gestión como gobernadora, tuvo que compaginar el respeto a las tradiciones locales haciéndolas

---

32. *María de Hungría: su papel dinástico como mujer Habsburgo reflejado en su patronazgo y coleccionismo artístico.* Cruz María Martínez Marín. V Congreso Virtual sobre Historia de las Mujeres. 2013.

compatible con la fidelidad a los principios de la Casa de Austria. En Hungría, María había visto hasta donde podía llegar la ambición de los nobles y también ejercitado el arte de la negociación, de la espera, del tacto amable y ello le sirvió de mucho cuando llegó a ser gobernadora de los Países Bajos, es entonces cuando ella desplegó todas sus dotes y demostró ser una sagaz gobernadora que, inclusive, no desdeñó sembrar de espías las cortes europeas para adentrarse en ellas y saber los planes de amigos y enemigos.

Importancia política de María de Hungría. María mecenas

En resumen, podemos aseverar que la vida de María de Hungría ofrece un regio ejemplo del poder político ejercido por una dama en la Edad Moderna. Esta mujer será una de las figuras más importantes en el Gobierno de su hermano, el emperador Carlos V (1519-1556), sirviendo a su causa como regente de los Países Bajos (1531-1555) y como importante consejera y apoyo, influyendo en la mayoría de sus más decisivas acciones inclusive más adelante cuando hubo de tomar sobre sí parte de las responsabilidades del Imperio.

En un periodo de grandes guerras y transformaciones sociales, los Países Bajos jugaron un papel central ayudando a mantener el poder de Carlos V, defendiendo al Imperio de las ambiciones francesas y defendiendo a Europa de la amenaza turca. Su marcado carácter y su brillante astucia e inteligencia acabaron por hacerla una de las figuras más poderosas del periodo. El papel de María de Hungría como mujer en el poder puede ser estudiado desde varios puntos de vista. No solo sirvió al emperador en las guerras en las que las grandes potencias europeas se disputaron el poder y el control sobre Europa, también sería muy importante el papel que jugaron las artes como discurso persuasor de la autoridad Habsburgo[33].

Durante un tiempo, mientras Leonor estuvo casada con Francisco I y fue reina de Francia, María trabajó con ella aprovechando el parentesco para tratar la paz entre Carlos y el rey francés, logrando, a partir de 1532, establecer un canal de comunicaciones entre las cortes de Francia y los Países Bajos que luego sería fundamental para pactar futuras treguas.

A pesar de todas las dificultades, y gracias a su pericia, María logró establecer relaciones diplomáticas y comerciales entre los Países Bajos e Inglaterra, y ello a pesar de la ruptura entre Carlos V y Enrique VIII. Cuando la guerra fue inevitable, María prestó apoyo militar estableciendo un pacto de ayuda mutua entre los Estados germánicos y los Países Bajos. De su papel como estratega militar, resaltamos el que ejerció a finales de 1541, estando los ejércitos de Carlos y Fernando ocupados luchando contra la amenaza turca, sus rivales políticos en Europa aprovecharon para atacar los Países Bajos por todos los flancos, Francia invadió el oeste y el sur, Céveris atacó el norte y los daneses Holanda y Zelanda. María se enfrentó a ellos sin apoyo exterior. Fue capaz de encabezar la defensa de los Países Bajos reuniendo para ello los medios necesarios logrando así frenar el ataque, y más que eso, contraatacó haciendo que los ejércitos de sus enemigos se batieran en retirada.

Aunque siempre veló por el lustre y la reputación de la Casa de Habsburgo, no por ello olvidó que era gobernante de una nación y veló siempre por los intereses de ella pues su sentido del deber y de la responsabilidad se imponían sobre otra consideración.

Sabía que, como reina, tenía responsabilidades ineludibles: velar por el bienestar de su pueblo. En este aspecto, inclusive, protegió a los Países

---

33 . *María de Hungría: su papel dinástico como mujer Habsburgo reflejado en su patronazgo y coleccionismo artístico.* Cruz María Martínez Marín. V Congreso Virtual sobre Historia de las Mujeres. 2013.

Bajos contra las excesivas exigencias de su hermano, el emperador. Se puede decir que compaginó una doble lealtad: a su familia y a su país.

Cuando Carlos V presentó a su hijo Felipe como sucesor, Leonor y María acompañaron a la comitiva para hacer patente la unión de la familia real en la cumbre de su prestigio y poder.

Cuando se presentó la ocasión medió entre Carlos y Fernando cuya tirantez era manifiesta para aproximarlos de nuevo por el bien de la familia. Como mediadora entre sus hermanos aconsejó dividir el título imperial entre las dos ramas de su familia y al seguir su consejo se cambió el rumbo de la historia de Europa en los siglos siguientes.

En términos generales, se puede decir, sin detallar más y además de todo lo dicho, que María de Hungría desplegó una corte esplendorosa, fomentó la música, la literatura, la pintura, la escultura y todas las artes. Construyó palacios nuevos e hizo reformar los antiguos, dotándolos de una nueva suntuosidad y brillo. Organizó fiestas y conciertos e hizo de mecenas siempre que lo juzgó oportuno.

Ejerció como una princesa del Renacimiento, igual se preocupaba por la cultura que por la política, tal y como lo hacían los grandes señores italianos del Renacimiento, y gracias a ella Felipe II se inició en el gusto por la pintura y otras artes que hicieron de Felipe otro gran coleccionista.

Por último, diremos que fue la gran consejera de la familia, cuya discreción y buen juicio reconocían todos ellos.

Cuando por órdenes del emperador, su hijo Felipe hubo de acudir a los Países Bajos en 1548, bajo la autoridad de la gobernadora recayó la responsabilidad de organizar las recepciones y darle en primer lugar la bienvenida a esas tierras que el príncipe había de heredar algún día. Grandes problemas se presentaron a la familia Habsburgo en aquellos momentos. Carlos iba envejeciendo y deseaba dejar las posibles líneas hereditarias bien establecidas. Cuando manifestó su voluntad en la trasmisión de las dignidades sus voluntades fueron motivo de grave discordia entre él mismo y su hermano quien por entonces era ya emperador del Sacro Imperio y pensaba que su hijo Maximiliano debía ser el sucesor natural de esta dignidad. Por su parte, Carlos, que había cedido el Imperio a Fernando, creía justo que la dignidad de emperador del Sacro Imperio volviese a su línea en la cabeza de su hijo Felipe. Tan fuerte fue el desacuerdo que a punto estuvo de romperse definitivamente la relación entre ambos hermanos. Fue entonces cuando María prestó un gran servicio a la Casa de Austria interviniendo con buenas y comedidas palabras y les hizo ver que si deseaban mantener la hegemonía de la Casa de Austria no podían romper las buenas relaciones entre ambos pues ello solo serviría para dar alas a otras Casas como la de Francia, o en último término a los otomanos de la Sublime Puerta, que no cesaban de presionar tanto en el Mediterráneo como en la frontera oriental de Europa.

El desacuerdo y el disgusto no solo fue entre hermanos, sino también entre los primos, Felipe y Maximiliano, y María hubo de emplearse a fondo para intervenir entre todos ellos: hermanos, primos y sobrinos. Sugirió que la Corona del Sacro Imperio fuese cedida por Carlos a Fernando, Fernando a su vez cedería sus derechos a Felipe. Felipe por su parte nombraría heredero a su primo Maximiliano. Bien sabemos que finalmente Felipe perdió todo interés en ser coronado emperador, pero de momento, aunque los hermanos Carlos y Fernando se distanciaron (para siempre) y su relación se enfrió, se evitó una total ruptura que, tal vez, hubiese cambiado la faz de Europa y traído al Imperio infinidad de quebraderos de cabeza.

La inteligente María no solo intervino en esta ocasión, sino que a menudo enviaba consejos al emperador, quien, a decir verdad, muchas veces no hacía caso de estos, de ello se quejó doña María en su correspondencia con su otro hermano, Fernando.

Consejos finales de María

Cuando en 1552 las tropas alemanas de Mauricio de Sajonia se levantaron contra el emperador, justo cuando este planeaba usarlas para detener el poder turco, Carlos proyectó acudir a los Países Bajos para buscar refuerzos pero María aconsejó que no lo hiciera pues opinaba que de irse de aquel territorio, aunque fuese en busca de hombres y dinero, dejando atrás a los alemanes de Mauricio de Sajonia, sin duda alguna, perdería aquella tierra y ya le sería muy difícil recuperarla.

A pesar de que Carlos no huyó, finalmente no supo manejar la situación y necesitó de la intervención de Fernando como mediador.

Con un nuevo ejército español e italiano creado por Fernando, Carlos se enfrentó a los turcos con un fracaso estrepitoso que, en cierta manera, acabó con su reinado, puesto que tras el desastre quedó enfermo y deprimido.

Después del último revés, el César, en la práctica, se retiró; estaba aquejado de abatimiento y a la mala situación económica se unían las continuas amenazas que surgían desde todas partes, es entonces cuando su hermana María tomó las riendas del Imperio.

Había que dejar las cosas ordenadas para que su sobrino Felipe tomase el relevo en el gobierno.

A este fin, ella tomó el control de la administración imperial y trabajó junto con Felipe en una alianza contra los franceses, obteniendo también el apoyo del inglés. En septiembre de 1555, Felipe acude a los Países Bajos para hacerse cargo de su gobierno, con lo que la regencia de María acabó oficialmente.

Tras la abdicación del hermano, las dos reinas viudas, María y Leonor, decidieron seguirlo a España. En Castilla, se alojaron en el palacio del Duque del Infantado, como ya hemos dicho al hablar de Leonor.

Parece ser que las reinas, Leonor y María, buscaron poder alojarse en una heredad digna de ellas en donde desarrollar una vida cortesana como dos notables viudas al estilo de Flandes.

Intentaron que la joven infanta María de Portugal se alojara con ellas. Esta, aunque las visitó, reusó abandonar Portugal y ello sumado a la muerte de Leonor, en 1558, truncó el proyecto de la que habría sido una corte femenina sin precedentes en España.

En sus últimos meses de vida, María de Hungría continuó comprando esculturas y libros y preparando nuevos proyectos, pero la muerte la sorprendió el 10 de octubre de 1558, tan solo veinte días después de la muerte de Carlos acaecida en Yuste, a consecuencia de unas fiebres palúdicas, el 21 de septiembre de 1558.

María de Hungría bibliófila

No queremos cerrar este breve estudio sobre la vida de la muy notable archiduquesa sin decir algo sobre su afición a los libros ya que la archiduquesa, reina y gobernadora fue una coleccionista apasionada.

Margarita de Austria, su mentora, había sido coleccionista de libros y de ella heredó su afición por la compilación de obras de muchos y distintos autores. Ella misma se consideraba fundamentalmente como la heredera y continuadora de las tradiciones borgoñonas encarnadas en su tía Margarita de Austria, cuya gran biblioteca heredó. Cuando en 1556, la reina María tomó la decisión de viajar a España acompañando a su hermano, el emperador, vino, como ya apuntamos, acompañada de su hermana, la reina viuda doña Leonor, las damas trajeron consigo sus respectivas bibliotecas. Ambas señoras, en un primer momento, se instalaron en Guadalajara y luego en Cigales a donde llevaron consigo sus libros, siendo de particular importancia la biblioteca que trajo consigo María, y que la soberana incrementó en Castilla con diversas adquisiciones, como la biblioteca de su médico Daniel van Vlierden en 1557. Estos volúmenes se conservan hoy casi en su totalidad en la Real Biblioteca de El Escorial, pues a la muerte de María fueron heredados por el rey Felipe II y por su hermana Juana de Austria, convirtiéndose en el modelo del que la bibliofilia dinástica española había carecido pero que desde entonces no ha hecho sino crecer.

Carlos V no fue notable por sus colecciones de libros, no así su hermana cuyo inventario nos habla de una mujer renacentista, culta y pensadora. El primer inventario conocido de la biblioteca de María de Hungría es de 1550, y en él se mencionan solo setenta libros, ya que no se incluyeron los heredados de su tía Margarita. Contrasta tan escueto volumen de obras en la biblioteca de una de las mujeres que ha pasado por constituir una de las figuras emblemáticas de la bibliofilia de la Casa de Austria en el siglo xvi, pero como veremos más adelante, la reina no realizó compras masivas de libros hasta los últimos años de su vida, limitándose en muchos aspectos a preservar el legado dinástico-bibliográfico de su tía.

María de Hungría no trajo a España los libros de su tía por considerarlos un bien dinástico ligado a Borgoña, sino más bien los suyos propios. Los de su tía fueron enviados al castillo de Turnhout, al cuidado de Jean Du Quesne. Al redactarse el acta de entrega, se levantó un inventario de la biblioteca, integrada por trescientos treinta y tres obras, de este inventario se conserva una copia en los Archives générales du Royaume, en Bruselas, seguida de una nota posterior de Zwykems, en la que testifica haber recibido estos libros de manos de Du Quesne, el 22 de mayo de 1559. Metódica y fiel custodia de los libros de su tía y de la herencia borgoñona, los dejó a buen recaudo, registrados y en orden como legado de la Casa de Borgoña en Bruselas.

María se embarcó hacia Castilla con el resto de su biblioteca, constituida principalmente de impresos y libros de música, pues ya hemos dicho que amaba la música y tocaba varios instrumentos. Del estado de su librería en España, se conservan numerosos inventarios.

En el Archivo General de Simancas se guardan los originales, y cuando murió María de Hungría se realizó una relación de sus bienes en Cigales y luego, en Valladolid, de otros objetos que se trajeron desde Guadalajara, donde estaban. Este inventario fue hecho por el alcalde Morillas y el escribano Gregorio Flores de Busto, conservándose actualmente en Simancas, bajo el título *Ynuentario de los bienes que quedaron de la serenisima Reyna de Vngria y Bohemia que esté en gloria*. En un principio, no se inventariaron los libros separados de sus otros bienes. Al final del inventario, se insertó una nueva cédula del monarca, advirtiendo que faltaban por inventariar varios libros y cartas, y de acuerdo con el tenor de esta cédula, fue necesario más tarde completar el inventario. Y ciertamente, al final de este legajo se añadió una larga lista de libros, con dos interesantes partidas: «Yten, los libros que su Magestad serenisima conpro del doctor Vierden, medico que asta agora no estan ynventariados, los quales son los siguientes», y »Libros de musica que estaban en Guadalaxara y eran a cargo del maestro de capilla».

La información que facilita este inventario es de gran interés e importancia, no solo porque nos proporciona datos tan preciosos como la compra que la reina hizo de los libros de su médico, Daniel van Vlierden, sino también sobre la localización de estos fondos, unos en Cigales y otros en Guadalajara.

Don José Luis Gonzalo Sánchez Molero escribió un ensayo sobre la biblioteca de doña María y de ella extraemos los siguientes párrafos por la información que contienen y por no poder mejorarlos y porque en su conjunto nos revela la riqueza de la biblioteca de la reina:

> … *Sus libros escolares son una incógnita, pues aunque a su muerte poseía algunos libros de gramática o de aritmética, muchos no se han conservado, y otros tienen pies de imprenta muy posteriores. El primer libro sobre el que podemos tener cierta constancia de que le perteneció fue un libro de Horas, escrito e iluminado hacia 1510 en los*

Países Bajos. Esta obra se corresponde con "vnas oras de rreçar escritas en pergamino en lengua latina, con muchas ystorias yluminadas escritas de mano con cubiertas de terçiopelo negro y las manezuelas de oro". La descripción nos permite entrever la gran calidad de sus iluminaciones, lo que explica que Felipe II se reservara estas Horas, que de inmediato identificó como una pieza dinástica, al igual que otros ricos códices recibidos de la soberana en herencia. A la muerte del Rey Prudente (1598), todavía se mantenía vivo el origen de este códice, aunque la encuadernación estaba ya muy estropeada: "Otras Horas en otavo, scriptas de mano, el pergamino con muchas illumminaciones; cubiertas de terçiopelo negro, con dos manezuelas de oro, la una rompida, y le falta el nudo de la bisagra; que fueron de la reina María. Tasadas en doçientos reales con el oro". Pero, ¿de qué libro en concreto estamos hablando? ¿Se conserva? La respuesta es afirmativa. En nuestra opinión estas Horas de María de Hungría son las que hoy se conocen bajo el nombre de "Libro de Horas del Colegio del Patriarca", uno de los tesoros del Museo del Patriarca, en Valencia. El estilo del libro sitúa su iluminación en un taller flamenco de la escuela Gante-Brujas hacia los años 1505-1510. La fecha viene dada tanto por la que aparece en el frontispicio (1505), que puede reproducir alguna anotación anterior hoy desaparecida (o referirse al año de nacimiento de María), como por el san Cristóbal del fol. 144, que copia una xilografía de Durero fechable hacia 1504. Este dato se corresponde con uno de los libros litúrgicos en 8º, que en 1574 estaban en el palacio de Felipe II: "Horas de nuestra Señora en pergamino año 1505". No se trataba de un impreso, por lo que la fecha parece corresponderse con la misma que figura en el frontispicio del Libro de Horas del Colegio del Patriarca. *Asimismo, estas Horas están decoradas con espléndidas miniaturas, entre ellas una de san Luis de Toulouse con san Luis, rey de Francia (fol. 147v), y esta imagen vuelve a relacionarnos el códice con María de Hungría. Si mantenemos la hipótesis de que fue su tía y tutora quien encargó la iluminación de estas Horas, es factible pensar que su obsequio estuviera relacionado con su triste despedida en 1514, cuando María se vio obligada a abandonar Malinas camino de Austria, reclamada por su abuelo Maximiliano para contraer matrimonio. Debemos recordar que el esposo que la esperaba era Luis II Jagellon, rey de Bohemia y Hungría. La miniatura con los dos "sanluises", por tanto, estaría relacionada con sus cercanas nupcias, pues orar por su marido entraba dentro de sus nuevos deberes como esposa.*

En el inventario de la reina se citan otras Horas, como "Vn libro escrito de mano que son oras sobre pargamino con muchas ystorias de yluminaçion e pintura muy bien obrado, las cubiertas de las tablas de rraso negro y las manezuelas de oro". Como el resto de sus libros, pasó en herencia a Felipe II, y todavía permanecía en su poder cuando falleció. Fueron tasadas por Pedro de Bosque en 1600, recordando su origen: "Otras Horas en otavo, scriptas de mano, el pergamino con muchas illuminaciones; cubiertas de terçiopelo negro, con dos manezuelas de oro, la una rompida y le falta el nudo de la bisagra; que fueron de la reina María. Tasadas en doçientos reales con el oro". Éste libro podría identificarse, en nuestra opinión, con las conocidas Sforza Hours, hoy en la British Library. Su pequeño tamaño (348 folios de 131 x 93 mm) no parecen desmentir esta posibilidad, ni tampoco sus magníficas miniaturas, obra de Giovanni Pietro da Birago (ca. 1450 - ca. 1513) y Gerard Horenbout (ca. 1460/1465-1540).

Al lado de su abuelo la educación de la joven archiduquesa no se descuidó, aunque dentro de una nueva línea, relacionada más con sus nuevas obligaciones que no con su condición femenina. Prometida por entonces con Luis Jagellon, heredero del trono de Hungría, su formación fue, si cabe, todavía más extremada, debido a la importancia del enlace.

La alianza con Hungría era primordial para Maximiliano, quien promovió en su joven nieta la más adecuada instrucción política. Es probable que fuera durante estos años en Austria cuando María recibió un interesante ejemplar del "Tripartitum opus iuris consuetudinarii inclyti regni Hungariæ" (Viena, 1517), de Stephan Werböczy (ca. 1460-1542), obra que probablemente le fue obsequiada para que aprendiera las costumbres de su nuevo país. Las bodas fueron celebradas en Innsbruck el 19 de diciembre de 1520, y en 1523 María partió hacia Praga y Buda para reunirse con su joven marido, ya coronado como Luis II, rey de Hungría y Bohemia. El matrimonio fue breve, pues en 1526 el rey moría en la batalla de Mohács, derrotado por los turcos, junto con 25 000 de sus hombres y casi toda su nobleza. El reino fue invadido y María tuvo que huir hacia Alemania primero, residiendo en Presbourg y en Innsbruck, y en 1531 marchó a Flandes. Las desgracias, sin embargo, y como antes hiciera su tía, no enturbiaron su predilección por la lectura. Entre los bienes que logró salvar se encontraban algunos libros de la biblioteca real húngara, que la reina debió recibir como obsequio de su marido antes del desastre de Mohács.

Entre ellos estaba probablemente el magnífico "Misal de Matías Corvino", iluminado por Francesco di Attavante para el monarca balcánico en 1485, un libro de horas en griego, perdido, y el "Evangeliarium" en lengua griega, escrito en letra uncial, que entonces (y hasta el siglo 18) se creyó obra de san Juan Crisóstomo, e incluso como redactado de su puño y letra, a causa de la errónea lectura de una inscripción griega a su inicio. Por su carácter devoto estos códices formarían parte de la capilla real de Buda, y ante el peligro de que cayeran en poder del turco María los salvó, incorporándolos a su propia capilla. En Bruselas, la reina viuda les dio un trato preferencial. Por un lado, ordenó iluminar sus armas en algunos de los folios del Misal y ornamentó los primeros folios del "Evangeliarium" con una restringida decoración de orlas y con una escena, a plana entera, de la crucifixión. Estas iluminaciones no eran especialmente importantes, ni de gran calidad, pero sí son significativas, pues no se conoce que la reina mandara realizar otras iluminaciones en manuscritos de su propiedad (como en los heredados de la archiduquesa Margarita). En este caso el interés parece estar justificado por el deseo de dotar a ambos códices húngaros con un especial significado político y dinástico, un simbolismo que además mantuvieron largo tiempo, casi podría decirse que hasta hoy.

En definitiva, y retornando a 1526, aunque la reina no logró salvar la magnífica biblioteca de Matías Corvino, de difícil transporte por su amplitud, sí guardó estos códices con el resto de su biblioteca, fundamentalmente impresos y libros de música, hacia Castilla. Del estado de su librería en España se conservan numerosos inventarios...

No continuamos con el interesante estudio de don Luis Gonzalo Sánchez Molero pues no es nuestra intención hacer un estudio exhaustivo de la biblioteca de la archiduquesa, solo existe el propósito de interesar al lector en este aspecto notable de la personalidad de la reina de Hungría. Gracias a su legado, Felipe II continuó con la colección de su tía, plantando con ello la semilla de las colecciones reales de tanto valor en España. Muchas obras bellamente iluminadas y miniadas se han conservado en El Escorial y otras están en distintas bibliotecas, pero en todo caso son siempre valiosas y notables.

De María de Habsburgo repetiremos lo dicho: Fue una mujer de alta calidad moral y de una notabilísima habilidad política y administrativa, siendo ampliamente reconocida en el seno de la familia como la más culta y la de mayor inteligencia en la familia Habsburgo.

Su fin

María, sabedora de que su hermano deseaba soledad en su retiro de Yuste, no visitó a Carlos más que una sola vez, y fue para comunicarle el fallecimiento de su hermana Leonor, en 1558. Había residido en Guadalajara con su hermana y al fallecimiento de esta fue incapaz de volver allí y se trasladó a Cigales, allí le llegó la súplica de Felipe II de que volviese a gobernar los Países Bajos, también le llegó una carta de Carlos en la que le reiteraba la petición. Ella, obediente, pensó en volver pero las noticias del fallecimiento de Carlos le afectaron tan profundamente que ella también murió apenas un mes después, el 18 de octubre de 1558. Una de las mujeres más inteligentes que ha dado la Casa de Austria.

Bibliografía de María de Hungría

1. ALBÉRI, E. *Relazioni degli Ambasciatori Veneti al Senato*, Florence, 1839-41. p.682 en DE IONGH, Jane.

2. BIBLIOTECA NACIONAL DE ESPAÑA. *Servicio y gastos de la casa de la reina Dña. María de Hungría, hermana de Carlos I.* Mss. /12179 (H. 86r-88v.).

3. BLOCKMANS, Wim. *Emperor Charles V (1500–1558).* Translated by Isola van den Hoven-Vardon. New York: Oxford University Press, 2002.

4. DE IONGH, Jane. *Mary of Hungary: second regent of the Netherlands.* Publisher Faber & Faber, 1958. p. 22-25. 3 Vid Ibid, p. 22.

5. DOYLE, Daniel, *"The Heart and Stomach of a Man but the Body of a Woman: Mary of Hungary and the Exercise of Political Power in Early Modern Europe"* Tesis Doctoral, Univ. de Minnesota, 1996. p. 14

6. DUPUY, Richard Ernest. Et al. *The Encyclopedia of Military History: From 3.500B.C. to the Present.* 2nd. Edition. New York. Harper & Row. 1986

7. FERNÁNDEZ ÁLVAREZ, M. *Carlos V el César y el Hombre.* Madrid, Espasa Calpe 2001.

8. FERNÁNDEZ ÁLVAREZ, M. *Juana la Loca.* Madrid Espasa Fórum. 2005

9. OMAN, Charles. *A History of the Art of War in the Sixteenth Century.* London: Methuen & Co. 1937.

10. PAL, Zsigmond. *History of Hungary.* Book-Series (10): *History of Hungary (1526–1686), First Book.* Editor: Ágnes Várkonyi R. Akadémia Kiadó. Budapest (1985).

11. SÁNCHEZ MOLERO, Gonzalo. *"La biblioteca de María de Hungría y la bibliofilia de Felipe II"*, en el Congreso *Marie de Hongrie. Politique et culture sous la Renaissance aux Pays-Bas, Mariemont* (Bélgica), 11/12nov-2005. Publicación: Bertrand Federinov y Gilles Docquier (ed.). Musée royal de Mariemont, 2009, p. 160.

12. SPLINGART, Jean-Marc. *Madame et son temps. Biographie de Marie de Hongrie.* 1505-1558. Jumet: Imprimerie provinciale, 1994. p. 40.

CATALINA DE AUSTRIA (1507- 1578) CASÓ CON JUAN III DE PORTUGAL

Doña Catalina, hija de la reina Juana y Felipe el Hermoso

Fue Catalina hija póstuma de Felipe I de Castilla, por otro nombre Felipe el Hermoso, y de doña Juana, hija de los Reyes Católicos. Nació la infanta en Torquemada el 14 de enero de 1507 durante el traslado de los restos de su padre pues en esa ciudad la reina se puso de parto y luego la infanta fue bautizada por el que más tarde sería el cardenal Cisneros, según nos cuenta el padre Llanos Torriglia, autor de un opúsculo sobre la vida de la infanta-archiduquesa.

La reina doña Juana llevó consigo a la niña y al pequeño Fernando hasta que con la excusa de su debilidad mental fue confinada por su padre en Tordesillas. Los últimos estudios de los historiadores contradicen la leyenda del encierro de la reina debido a su «locura» y la sustituyen por una calculada ambición por parte de los varones de la Casa de Austria

Es bien cierto que la infanta doña Juana era de personalidad algo frágil y padeció de lo que hoy llamamos depresión, pero esta condición o enfermedad, si bien tratado el paciente, no es mal incurable, ella fue maltratada en su matrimonio y luego fuera de él. Intentaremos dar solo unas pinceladas sobre el estado mental de la reina Juana para tener una idea más aproximada de la vida que hubo de soportar la madre de Catalina, con quien ella convivió hasta los dieciséis años.

Tras el fallecimiento del archiduque don Felipe, y como su padre el rey de Aragón se hallaba en el extranjero, doña Juana vino a ser —como en verdad le correspondía— la verdadera reina de Castilla y de las tierras de Ultramar. Durante ese año, Juana ejerció como efectiva reina de Castilla, no puede decirse que en ese lapso se mostrara poco juiciosa, por el contrario, su gobierno fue prudente y aun tomó algunas medidas que fueron bien recibidas por el pueblo. Lo cierto es que al final de su matrimonio la esposa solo sentía por su marido el archiduque Felipe resentimiento, tras sufrir innúmeros desprecios y humillaciones por parte de su consorte y, por extensión, también estaba irritada con la corte flamenca que había visto estos desprecios y que la tenían por mujer celosa y algo desequilibrada; además había visto su amor menospreciado y ultrajado, algo difícil de perdonar por una mujer que había estado tan enamorada como ella lo había estado de su marido.

La reina Juana no estaba loca, ella se había convencido hacía tiempo de la depravación de Felipe, el amor también tiene un límite y los continuos malos tratos y desprecios del archiduque la habían hecho, al menos, indiferente. Se habla del traslado del cuerpo del difunto rey a Miraflores como demostración de la evidente locura de Juana, tanto se ha comentado ese traslado que desde ese día se la llamó Juana la Loca. Lo cierto es que a la muerte del archiduque este fue trasladado de la llamada casa del Cordón, vivienda del condestable de Burgos, a la Cartuja de Miraflores.

Quizás fue culpa del movimiento romántico que promovió la leyenda de Juana visitando la Cartuja para ensimismarse ante el ataúd de Felipe, e inclusive que lo hiciese abrir para abrazarlo, y el mito de la Loca creció como la hiedra. Las investigaciones serias solo constatan dos visitas de la viuda.

A la muerte de Felipe, sus lansquenetes, en número de tres mil, dejaron de recibir su paga. Naturalmente la reclamaban y como no se atendiesen sus peticiones, Juana, que nunca tuvo dinero, y también porque detestaba a los flamencos con los que había sufrido tanto, les dijo que mejor que pedir dinero rogasen por el alma de su señor. Impacientes y crispados los hombres de armas se rebelaron contra sus mandos y para cobrarse lo que se les debía saquearon todo lo que pudieron: vajillas, dinero, joyas, animales, vestidos, tapices y colgaduras; en fin, todo lo susceptible de ser convertido en dinero. En la Cartuja, se temió que los lansquenetes, desbocados, hubiesen despojado de sus joyas al cuerpo del difunto ya que habían saqueado todo lo que fuese apto de ser vendido y convertido en dinero contante y sonante. Inclusive se temía que se hubiesen llevado el cuerpo de su capitán, el archiduque, por esa razón se abrió el ataúd, para constatar que el cuerpo seguía allí, no por amor desaforado de nadie. Cuando se abrió el ataúd Juana miró el cadáver con absoluta frialdad.

Una segunda vez se hubo de abrir el ataúd. Habiéndose declarado la peste en Burgos pareció prudente irse a Torquemada. Iría la reina, la corte y también el cuerpo del difunto, quien en vida había manifestado su voluntad de ser enterrado en Granada. Los clérigos de la Cartuja se opusieron a que se trasladase el cadáver con el pretexto de que un cuerpo no se debía mover de ningún sitio antes de los seis meses. Temió la reina Juana que a sus espaldas lo sacasen, e inclusive que ya hubiesen sacado del ataúd el cuerpo del archiduque, dejando este o bien vacío, o bien sustituyendo el muerto por otro cuerpo; es por esta razón que ella hizo abrir el ataúd para corroborar que los restos que se llevaba era efectivamente los de Felipe y no de otro. El humanista y cronista Pedro Mártir de Anglería, que acompañó a la comitiva y fue testigo del hecho, es quien lo relata y da fe de lo sucedido.

Pero la peste no se conformó con afectar a Burgos y también se extendió hasta Torquemada, en donde se había refugiado el cortejo fúnebre; se sugirió entonces a la reina que fuesen a Palencia, pero ella no quiso ir, pues Palencia era ciudad amurallada y temía ser tomada como prisionera, pero accedió a ir a Hornillos, lugar cercano a Palencia. Allí celebró audiencias y recibió a los quejosos perjudicados por su decisión de revocar las mercedes que su marido Felipe[34] había otorgado a sus protegidos, y aunque algunos se sintieron perjudicados ello en general satisfizo a los habitantes del reino que veían en estas acciones una vuelta a la normalidad. El que Felipe hubiese concedido los mejores puestos del reino a sus conciudadanos era uno de los motivos de disgusto en Castilla. Asimismo, doña Juana convocó a los consejeros de su difunta madre doña Isabel y dejó claro que quería que todo siguiese como cuando su madre vivía. Pero esta medida atacaba directamente a Cisneros, a quien la reina odiaba pues sabía que este, junto con su padre, había confabulado con anterioridad para que ella no llegase a reinar en ningún caso[35].

Cisneros ante la resistencia de la reina a obedecer sus órdenes, hizo llamar a don Fernando, quien se presentó con un inmenso ejército y se entrevistó con Juana en Tórtoles el 29 de agosto de 1507. La niña Catalina tenía entonces siete meses.

Tras la entrevista de Tórtoles la reina Juana, al parecer, traspasó sus poderes de gobernación a su padre y se conformó con firmar todo lo que él le enviaba para su aprobación, y así vivió un tiempo en una especie de felicidad. Ella permanecía en la Villa de Arcos con sus dos hijos nacidos en esta tierra: Fernando y Catalina y al parecer no deseaba nada más, si en Tórtoles había traspasado los poderes a don Fernando, fue un extraño traspaso del que no quedó testimonio alguno ni se puso por escrito. Pero sucedió que los nobles a los que Fernando había

---

34. Algunas de las mercedes y cargos que el archiduque había otorgado a sus hombres fueron suspendidos por la reina.

35. Para saber más sobre todo el asunto ver nuestro libro *El trágico destino de los hijos de los Reyes Católicos*. Ed. Aguilar. Madrid 2007.

perseguido y escarmentado, a veces con penas de muerte, empezaron a sentirse quejosos del gobierno de Fernando y por ello comenzaron a reivindicar los derechos de la verdadera reina: Juana. Cundió el rumor de que lo que en realidad deseaba el pueblo es que doña Juana fuese la reina efectiva y no solo nominal, que ella reinase y que don Fernando dejase de inmiscuirse en los derechos de la reina. Deseaban en realidad librarse de él.

Quizá esto fue lo que decidió a don Fernando al quitar de en medio, definitivamente, a su hija la reina propietaria. Con toda certeza, era hecho incuestionable que mientras ella estuviese libre y con capacidad de entrevistarse con los descontentos, siempre existiría la posibilidad de que el poder pasase de nuevo a la reina Juana (la propietaria) quitándoselo de sus manos. Él necesitaba el dinero de Castilla para las guerras de Nápoles.

Como primer paso don Fernando hizo que trasladasen a Juana una plaza fuerte, cosa que a ella disgustó sobremanera; entonces para doblegarla se llevó a su hijo, Fernando. El carácter de Juana le hizo rebelarse a lo que ella consideraba una injusticia, y se rebeló del único modo que podía. Se negó a comer a menos que le devolviesen al infante y se negó durante tanto tiempo que su vida se vio en peligro[36], vista la resistencia de doña Juana, Fernando de Aragón le trajo de vuelta a su hijo pues la muerte de la reina significaría la llegada del hijo mayor, Carlos, como heredero de Juana, con la consiguiente pérdida de poder para Fernando, ya que además siendo Carlos menor de edad estaría representado por algún magnate borgoñón. Adiós al poder, adiós al dinero, adiós a Nápoles.

---

36. La reina estaba decidida a no comer hasta que volviese el niño; de tal modo enfermó que se le enviaron numerosas cartas a don Fernando dándole noticias de la actitud de la reina y del grave peligro que corría su salud. Él, no solo no contestó, sino que permaneció insensible a las noticias y misivas hasta que no le dijeron que la vida de Juana peligraba ostensiblemente.

Por otro lado, el joven Carlos apenas tenía siete años, él no podría gobernar en persona, sería su abuelo Maximiliano el que enviaría a representantes de Carlos que gobernarían en Castilla (sin Fernando) en nombre de Carlos. Don Fernando, para sus planes, necesitaba a Juana y la necesitaba viva, así que al saberla enferma claudicó y se presentó ante ella con el infante.

Pero el aragonés no estaba dispuesto a verse en otra situación similar. De noche, sin testigos molestos, hizo trasladar a Juana a Tordesillas, de donde no volvería a salir nunca más. La niña Catalina apenas tenía un año cuando fue recluida en Tordesillas junto con su señora madre.

La vida en Tordesillas

Tordesillas era una villa amurallada, una de esas a las que tanto había temido doña Juana. Allí se quedó encerrada bajo el «cuidado» de Luis Ferrer, quien regía la pequeña corte de Juana (dos damas de compañía) y a ella misma con toda rigidez como si estuviesen todos en un convento. Con horarios estrictos, horas de rezos, sin visitas, sin comunicación con el exterior y sin ninguna distracción. Por el supuesto «bien de la reina», se había autorizado a este Luis Ferrer a *darle soga* a la prisionera, expresión que se supone que se refiere a algún maltrato corporal, seguramente para evitar otra huelga de hambre que pusiese en peligro su vida.

La cámara en que se recluyó a la reina no tenía ventana al exterior, así que ni ella ni Catalina podían ver el mundo de fuera, por toda «corte» tenía la compañía de las dos mujeres también recluidas.

La vida de la pequeña infanta Catalina transcurrió en ese encierro, sin acompañamiento ni preparación intelectual, nadie se preocupó de mandarle maestros, educadores o mentores para prepararla dignamente como futura esposa de algún rey o príncipe, como sería su último destino, aunque no fuese más que por su linaje.

Ni siquiera tenía un compañero de su edad para jugar como lo hacen los niños de todas partes. Si recibió alguna educación esta hubo de ser por parte de su madre, la reina Juana, quien por otra parte había sido exquisitamente educada en la corte de sus padres, los Reyes Católicos[37].

No se sabe si por la influencia de mosén Ferrer[38] «gobernador» de la Casa de la Reina, o por la de Hernán Duque de Estrada o inclusive si lo ordenó el cardenal Cisneros cuando vino a ver a la regia prisionera y vio la atroz condición del encierro, el caso es que finalmente se hizo una abertura en la pared a modo de ventana para que entrase la luz y el aire en la habitación. Desde esa abertura, pudo la infanta empezar a ver el mundo exterior.

La soledad de la infanta, si exceptuamos a la madre y las dos damas, era absoluta. No estaba educada de acuerdo a su rango, no podía jugar ni entretenerse ni tan siquiera hablar con niños ni conocía a nadie fuera de esos muros.

Cuando vino a verlas el cardenal Cisneros espantado o arrepentido por lo que vio, escribió a don Carlos a través de don Diego López de Ayala[39] para que pidiese que «… doña Beatriz de Mendoza, hija de doña María de Bazán, sea recibida al servicio de la señora Infanta doña Catalina, que está en Tordesillas, porque es de su hedad (sic) y con quien Su Alteza holgará, porque tiene necesidad de más compañía…»[40].

---

37. Para saber más sobre todo el asunto de la educación de doña Juana ver nuestro libro *El trágico destino de los hijos de los Reyes Católicos*. Ed. Aguilar. Madrid 2007.

38. Don Fernando hizo colocar a un hombre de su confianza, al aragonés Luis Ferrer, para vigilar a la cautiva, con la consigna de evitar las visitas, en la medida de lo posible. lNada de lo que ocurra dentro de estos muros es conveniente que trascienda» escribió.

39. López de Ayala actuaba de embajador del cardenal en Bruselas.

40. Carta del 10 de julio de 1516.

No se atendió a la súplica hecha en 1516, dado que la infanta había nacido en 1507, tenía la niña nueve años. A su hermano mayor, Carlos, no le importó la situación de Catalina, y de todos modos tampoco era el lugar de Tordesillas sitio adecuado para alojar a una hipotética niña de la nobleza que viniese a acompañar a la infanta, pues en conjunto Tordesillas era lugar harto lúgubre y desangelado, no apto para niñas de la nobleza en tal encierro.

Cuando meses más tarde Carlos la visitó en su prisión, vestía la infanta una simple basquiña (que es una falda plisada de color negro) y una chamarra de cuero. Según el cortesano que lo describió «...*une pliche d'Espagne*». Por todo adorno en la cabeza llevaba una toquilla blanca, que al cronista le pareció «dulce y graciosa».

Naturalmente todos los que allí la vieron constataron que aquel no era lugar adecuado para una infanta, y así decidieron sacarla de allí. Para no disgustar a la madre —dicen—, hicieron un boquete en la pared y a través de este se la llevaron a escondidas; naturalmente cuando Juana constató que le habían quitado a su hija se llevó un gran disgusto. Era su única compañía, el único cariño, la única cosa buena que allí tenía. Quiso morir y se puso enferma, dejó de comer y al guardián que quería convencerla para que comiese le dijo: «... no me habléis Beltrán (Beltrán de Plemois) de comer y beber porque no lo haré hasta que haya recobrado a mi hija...». Tanto insistió y tan enferma se puso que don Carlos temió por su vida y le devolvió la niña. Pero, desde entonces, se le puso a la joven infanta servicio adecuado a su edad y linaje con jóvenes de ambos sexos y de condición noble y, asimismo, se le permitió salir de vez en cuando al campo a tomar el aire; su hermano Carlos escribía que «se le lavase la cara con agua limpia y fresca del río, y con nada más». La razón de este consejo es que con anterioridad la infanta había contraído sarna, seguramente por las condiciones de la habitación y la poca higiene del lugar cerrado. Muchos años sin sol y sin aire puro no podían ser buenos para nadie.

Catalina, en los pocos días que había estado con la corte en Valladolid, había disfrutado de los esplendores de la corte, de la deleitable y hermosa música, de los trajes recamados, de los elegantes chapines de piel de ante y terciopelo, había visto los bailes airosos y señoriales, había disfrutado de los perfumes de las damas y visto a los caballeros refinados con sus ricas vestiduras y sus espadas relucientes. Otro mundo distinto al de Tordesillas, donde el mayor bien del que disfrutara la infanta era una ventana. Pero al saber que su madre la echaba de menos volvió a Tordesillas de buen grado, ella también la amaba y no la había abandonado por voluntad propia, antes bien, se la habían llevado sin pedir su consentimiento y aunque había estado en otro mundo más ameno, volvió al de antes, al encierro de Tordesillas.

Para entonces, su hermano había decidido proveer de alguna compañía a su hermana, había de ser un acompañamiento digno de su alcurnia. Entre los jóvenes que se enviaron a Tordesillas para hacer digna compañía a la infanta, se hallaba como paje un tal Íñigo Yáñez, nacido en 1491 que por entonces tendría unos veinticinco o veintiséis años, y que luego sería san Ignacio de Loyola, dícese que fue esta infanta la dama de quien estuvo enamorado el joven Íñigo, según él mismo confesó en sus escritos, aunque sin dar el nombre.

También fue paje de la infanta un pariente lejano de Catalina, el hijo primogénito del duque de Gandía, de nombre don Francisco, luego san Francisco de Borja.

Tordesillas y los comuneros. Desconfianza del Rey

En septiembre de 1520, se presentó ante la reina Juana una delegación en nombre de los comuneros, pedían estos a Juana que tomase el poder como reina propietaria de Castilla y así su hijo, Carlos, tendría que esperar el hecho sucesorio para gobernar; alegaban que el pueblo no estaba contento con el gobierno del joven rey el cual ni siquiera permanecía en su tierra y llenaba de extranjeros los puestos más altos de la administración, mientras sus consejeros y acompañantes saqueaban las arcas del país. «Sálveos Dios, ducado de a dos, que el señor de Chiévres, no topó con vos…».

Estaba con la reina Juana la infanta Catalina cuando Juan Padilla, rodilla en tierra, a través del doctor Zúñiga, profesor de la Universidad de Salamanca, hizo su petición y, al tiempo, la oferta de liberar a madre e hija, refiriéndose especialmente a la infanta, de quien dijo era necesario devolverle el puesto que le correspondía, esperaba el comunero que con ello tocaría el corazón de la madre y la atraería a su lado.

Doña Juana, escuchó con atención las razones expuestas por la comisión y contestó con estas palabras a los sublevados:

> … *después que Dios quiso llevar para sí a la Reina Católica, mi señora, siempre obedecí y acaté al Rey, mi señor, mi padre, por ser mi padre y marido de la Reina, mi señora; y ya estaba bien descuidada con él, porque no hubiera ninguno que se atreviera a hacer cosas mal hechas. Y después que he sabido cómo Dios le quiso llevar para sí, lo he sentido mucho, y no lo quisiera haber sabido, y quisiera que fuera vivo, y que allí donde está, viviese, porque su vida era más necesaria que la mía. Pues ya lo había de saber, quisiera haberlo sabido antes, para remediar todo lo que en mí fuere [posible]. (…) - Yo tengo mucho amor a todas las gentes y pesaríame mucho de cualquier daño o mal que hayan recibido.*
>
> *Y porque siempre he tenido malas compañías y me han dicho falsedades y mentiras y me han traído en dobladuras, e yo quisiera estar en parte en donde pudiera entender en*

las cosas que en mí fuesen, pero como el Rey, mi señor, me puso aquí, no sé si a causa de aquella que entró en lugar de la reina, mi señora, o por otras consideraciones que S.A. sabría, no he podido más. Y cuando yo supe de los extranjeros que entraron y estaban en Castilla, pesóme mucho dello, y pensé que venían a entender en algunas cosas que cumplían mis hijos, y no fue así. Y maravíllome mucho de vosotros no haber tomado venganza de los que habían fecho mal, pues quienquiera lo pudiera, porque de todo lo bueno me place, y de lo malo me pesa. Si yo no me puse en ello fue porque ni allá ni acá hiciesen mal a mis hijos, y no puedo creer que son idos, aunque de cierto me han dicho que son idos. Y mirad si hay alguno dellos, aunque creo que ninguno se atreverá a hacer mal, siendo yo segunda y tercera propietaria y señora, y aun por esto no había de ser tratada así, pues bastaba ser hija de Rey y de Reina. Y mucho me huelgo con vosotros, porque entendáis en remediar las cosas mal hechas, y si no lo hiciéredes, cargue sobre vuestras conciencias. Yo así os las encargo sobrello. Y en lo que en mí fuere, yo entenderé en ello, así como en otros lugares donde fuere. Y si yo no pudiere entender en ello, será porque tengo que hacer algún día en sosegar mi corazón y esforzarme de la muerte del rey, mi señor; y mientras yo tenga disposición para ello, entenderé en ello. Y porque no vengan aquí todos juntos, nombrad entre vosotros de los que estáis aquí, cuatro de los más sabios para esto que hablen conmigo, para entender en todo lo que conviene, y yo los oiré y hablaré con ellos, y entenderé en ello, cada vez que sea necesario, y haré todo lo que pudiere."

La reina Juana no se comprometió a nada y solo les dio buenas palabras.

Naturalmente se enteró el rey de esta visita y las malas lenguas murmuraron de las intenciones de doña Juana al recibirlos e inclusive hablaron de la reacción de la infanta, de quien decían que apoyaba a los comuneros.

El almirante de Castilla, Fadrique Enríquez de Velasco, hizo llegar a Carlos una misiva por conducto de Ángelo de Brusa: «…mande V.M. que traten bien y con todo acatamiento a la señora Infanta, que ya es mujer y siente lo que le hacen. Es tanta la piedad (la pena que da) de ver a la señora Infanta, que olvidalla S.A. es inhumanidad muy grande que es milagro de ver su peso (su sentido común) y cordura…». Con buenas y solapadas palabras el almirante de Castilla intentaba decir que si no se atendía mejor a la infanta ella, quizás, escucharía a los comuneros, como se iba diciendo por los mentideros. Por su parte, los marqueses de Denia, siempre maliciosos, intentaron sacar algo en limpio para ellos: más obediencia de parte de la infanta a sus mandatos e indicaciones y, además, que Catalina mostrase de alguna manera arrepentimiento por algo que no había hecho: apoyar a los comuneros. Escribieron al emperador:

> … *Escriba V.M. a la Señora Infanta mostrar algún sentimiento de lo pasado y poniéndola en razón por lo venidero…*

Supo Catalina de la carta de los marqueses e indignada, por medio de un sirviente cuyo nombre no ha trascendido, envió un despacho a su hermano el emperador, misiva en que se sinceraba con él con toda altivez, como correspondía a una hermana del rey y con un orgullo que recordaba a su abuela la reina Isabel. Sin embargo, su carta se cruzó con la respuesta que daba Carlos a la epístola anterior de sus detractores y en esta el rey amonestaba a la infanta. Enojada cuando la leyó, Catalina volvió a escribir al soberano el día 24 de septiembre de 1521:

… ninguna necesidad había que V.M. me enviase a mandar esto, porque yo desde que nascí nunca cosa mía he procurado ni deseado (nada más que) lo que conviene a la Reyna, mi señora, y al servicio de V.A. y por esto las cosas de la Comunidad y sus liviandades nunca me parescieron bien… y las personas con quien yo trato son muy servidores de V.M. que no los que le han hecho tales informaciones tan apartadas de la verdad…

En 1521, el cardenal Adriano de Utrecht, tal vez contestando una pregunta o consulta, escribió al rey en relación a la actitud de ambas damas para con los comuneros:

… yo ya oí esta queja estando en Tordesillas y procuré saber la verdad, y a lo que me pareció, hallé que había estado muy cuerda en todo (se refiere a doña Juana) y en lo que pudo se apartó de conversaciones de los que estaban en deservicio de V.M. y así hago saber a V.A. lo cierto, suplicándole en todo ello y en lo demás, que a la señora Infanta tocare, manda proveer y favorecerla con toda honra, como es razón y se le debe…

Tal vez con estas palabras del cardenal y por otras muchas noticias recibidas, más las protestas de la infanta, se disiparon las dudas de Carlos sobre las intenciones últimas de su madre y su hermana. En todo caso, él era de naturaleza desconfiada, próximo a morir aconsejaba a su hijo Felipe (II) la misma prevención: «Desconfiad de todos, de todos». Catalina tenía apenas trece años y el rey ya desconfiaba de ella, al extremo de pedir opinión sobre ella y sus querencias a Adriano de Utrecht.

Durante el levantamiento de los comuneros, para no dar más pretextos a la reina, se alivió la prisión de doña Juana y por tanto de doña Catalina, pero solucionado el problema de los comuneros, se volvió a la situación anterior y se repuso en su puesto al peor de los guardianes: el marqués de Denia[41]. Doña Juana y la infanta Catalina volvieron a su severo cautiverio, tan duro contra doña Juana que la joven escribió a su hermano: «no la dejan siquiera pasear por el corredor que da al río: y la encierran en su cámara que no tiene luz ninguna». Triste experiencia para una niña, ver a su madre así maltratada por su mismo hijo, aun así, en el futuro ella siempre le fue fiel al emperador, por su linaje era su obligación y la cumplió.

Se proyecta una boda

Bien sabemos que Carlos, algunas veces en connivencia con su padre Maximiliano, dispuso las bodas de todas sus hermanas, arregló matrimonios que aunasen la importancia del reino donde sus hermanas reinarían y al tiempo ese reinado debía redundar en provecho de la Casa de Austria y al engrandecimiento del emperador.

---

41. El marqués, al igual que la marquesa, su esposa, es un personaje desagradable, cruel, ambicioso, malvado gratuitamente. Durante su poder en Tordesillas el marqués de Denia arregló un gran futuro y buenas bodas para sus hijos. Su hermano Hernando fue colocado en el servicio real. Todos los hijos de este Hernando: Francisco, Luis, Enrique, Hernando, Diego y Cristóbal, y a sus tres hijas: Ana, Magdalena y Margarita, a un sobrino. A Luis, Enrique y Hernando los colocaron como acompañantes del emperador como caballeros y embajadores y pasando el tiempo fueron agraciados con otros dones y gracias. Diego y Cristóbal fueron capellanes reales. Diego llegó a deán de Jaén y Cristóbal a arzobispo de Sevilla. Sus tres hijas y tres nueras estaban en la cámara de la reina Juana, con cargos de honor. A su hija Magdalena la casó con el conde de Castro, y a su hijo Luis con la hija del conde de Miranda, el cual dirigía la Casa de la Emperatriz doña Isabel. Al segundo hijo, don Francisco lo casó con la hija del marqués de Borja, Isabel de Borja y Castro (1532-1566) otro favorito imperial. Para Enrique escogió a doña Isabel de Quiñónez, hermana del conde de Luna. Y no seguimos. Todo en pago a esa fidelidad y al silencio que mantuvo toda su vida en relación al trato que se daba a doña Juana.

Cuando le llegó el turno a Catalina, Carlos pensó en el reino vecino, ese que tantas veces se había ligado por matrimonio a Castilla, el reino de Portugal. Por otro lado, era un reino muy rico e importante y al casar a la infanta con el heredero de Portugal se le aseguraba una vida suntuosa y sin preocupaciones, quizás como recompensa a los años de miseria pasados en Tordesillas.

Arreglada la boda, la infanta hubo de abandonar Tordesillas para dirigirse a aquel reino que rivalizaba con el de Castilla en descubrir tierras, navegar océanos y levantar mapas de nuevos territorios. Además, era un reino siempre emparentado con Castilla por lazos de sangre y larga historia común en el pasado. El marido elegido era Juan III de Portugal, que era hijo de Manuel el Afortunado y de su esposa, María, hija de los Reyes Católicos y hermana de Juana, y por tanto María venía a ser tía carnal de Catalina. Y su hijo (Manuel) primo hermano de la joven.

Poco antes de que cumpliese dieciocho años, Carlos V envió a la infanta a Portugal acompañada de un lucido séquito.

En Elvas, en la raya del país vecino, se hicieron cargo de la prometida los también infantes portugueses: don Luis y don Fernando. En Portugal sabemos por los escritos de los cronistas que «fue recibida con el mayor contento», aunque más contentos aun debieron de estar en el futuro cuando constataron su buen sentido, la bondad de su naturaleza y otras virtudes de la reina.

Recogen entre las noticias que de ella tenemos las que le alaban por «su celo religioso, su blandura en el trato, las muchas mercedes que hacía a sus vasallos y el agasajo y buena acogida que todos hallaban generalmente en ella por lo que fue siempre tan amada y venerada como si fuese madre particular de cada uno de ellos»[42].

---

42. *Crónica del muyto alto e muito poderoso Rey destos Reynos de Portugal, D. Joao o III deste nome.* Por Francisco de Andrade.

Al llegar a su destino iba la prometida del rey «sobre unas andas forradas por fuera de terciopelo negro barrada en blanco con hilos de oro. Y por dentro era de tafetán carmesí todo adorando de labores (bordados) y transportadas las andas por dos acémilas muy hermosas con guarniciones de terciopelo. El rey, de incógnito, se adelantó para ver de lejos a su prometida y se presentó oficialmente en Estremoz...».

La infanta hizo entre todos muy buena impresión: «...pocas reinas vinieran a Portugal tan bien ataviadas de su persona, porque trae muchos vestidos y muy ricos y muchos collares de oro y pedrería que el Emperador le dio porque todas las joyas de su madre Juana[43] lhe alargaron...».

Todas estas joyas de que hablan las crónicas ya habían empezado a llegarle a la infanta desde hacía algún tiempo. Por voluntad de su hermano, el emperador Carlos, ya se le había hecho donación de una parte de las joyas por una Real Cédula dada en Encina el 20 de mayo de 1520, entre otras alhajas había «perlas por un valor de 15 marcos». (Cada marco era equivalente a sesenta y cinco ducados y un tercio, o sea un total de 980 ducados y dado que cada ducado pesa y equivale a 3,6 gramos de oro fino son 3528 gramos de oro, o sea, más de tres kilos y medio de oro era el valor de, solamente, las perlas que llevaba la infanta, de las otras joyas no se da razón).

No iba sola en su viaje pues a una señora de alcurnia siempre le corresponde ir con damas de compañía y dueñas de respeto así como servidores de abolengo adscritos a su Casa (mayordomo, caballerizo etc.), amén de secretarios, chantres, maestros de música, pajes, meninos, confesor, etc.

---

43. Recordemos que Juana, de todas las hijas de los Reyes Católicos fue la más presumida, la que más gustaba del lujo, los vestidos y las joyas, del color carmesí, de los estrados, cojines y sedas. La que más representaba a la realeza. Ver nuestro libro *El trágico destino de los hijos de los Reyes Católicos*. Ed. Aguilar. Madrid 2007.

Con ella iba de camarera Mayor[44], honor y prebenda de la mayor importancia dentro de la organización de la Casa de la Reina, cargo que se había atribuido a doña Margarita de Velasco. Cuando se celebraba una boda entre reyes, las nobles familias que acompañaban a las reinas a sus futuros reinos llevaban a sus hijos o hijas en edades casaderas, pues se suponía que enlaces entre nobles herederos de los distintos países fortalecían la unión de las naciones que, así, por medio del casamiento de los reyes y sus vasallos se tornaban, por la fuerza de la sangre, en apacibles y amigables, aunque antes hubieran estado en guerra. Era responsabilidad de las reinas buscar buenas bodas para las damas solteras que viniesen con ellas a tierra extranjera.

Doña Margarita de Velasco llevó dos hijos solteros que sin duda hallarían damas lusas que desposarían con ellos. Las jóvenes castellanas damas de compañía, según las crónicas portuguesas, «iban muy bien y ricamente arregladas. Y entre las de Castilla corría la voz de que hombres de que han de andar por aquí, que tienen trescientos o cuatrocientos mil reis de renta…». Seguramente Catalina se ocuparía de patrocinar buenas bodas para sus doncellas y caballeros.

Se celebraron fiestas y bailes por la boda de Catalina y Juan (Joao) III y las nupcias se bendijeron el 5 de febrero de 1525 en Estremoz

---

44. La responsabilidad principal de la Cámara de la Reina recaía en la camarera Mayor, en torno a la cual se estructuraba todo el departamento. Servía a la soberana directamente y tenía autoridad sobre todo el personal que servía a la reina, a la que debía acompañar en todo momento y había de dormir en su cámara, cuando no lo hacía el rey y en una estancia inmediata cuando esto sucedía. Era la encargada de proporcionar la ropa mientras la vestían, así como de acercarle el agua y la toalla que utilizaba para lavarse. También asistía a su tocado y a cualquier otra actividad relacionada con el aseo y arreglo diario. Todas estas funciones suponían una gran intimidad, así como el contacto físico y directo con la reina, lo cual adquiría un claro valor simbólico y era la causa principal de la dignidad de su cargo y de las consideraciones de todo tipo, materiales y honoríficas, que por su desempeño se le dispensaban. Ella era la encargada de programar el gasto de la reina, dando la relación de las cosas que hubiera que comprar al guardajoyas que era quién tenía competencia para hacer las transacciones.

y tras dos días y dos noches de festejos, por fin pudo el novio irse en libertad con la novia «…y estuvo hasta la noche despejado con ella».

Juan III, el Piadoso. Descendencia

El esposo de Catalina era Juan (III) hijo del segundo matrimonio del rey Manuel I, que tuvo lugar con María de Aragón, cuarta hija de los Reyes Católicos. A la muerte de Manuel I el Afortunado, Juan ascendió al trono en 1521 a la edad de diecinueve años, convirtiéndose en rey del Imperio portugués, con todo su poder mercantil y colonial. Manuel I, el padre de Juan, había casado sucesivamente con dos de las hijas de los Reyes Católicos y aun casó una tercera vez con Leonor de Habsburgo, hermana mayor de Carlos V.

El primer matrimonio había sido con doña Isabel (1470-1498), la hija mayor de los Reyes Católicos y la segunda vez casó con doña María (1482-1517) hermana de la anterior. De doña Isabel, que murió en el parto, le había nacido el infante Miguel, que de haber vivido habría reunido en su cabeza una herencia como no se habría visto otra: hubiese llevado las Coronas de Castilla, de León, de Aragón, de Sicilia, de Granada, de Toledo, de Valencia, de Mallorca, de Sevilla, de Cerdeña, de Córdoba, de Córcega, de Murcia, de Jaén, de los Algarbes, de Algeciras, de Gibraltar y de las islas Canarias, hubiese sido conde de Barcelona, señor de Vizcaya y de Molina, duque de Atenas y de Neopatria, y rey de todas las tierras de ultramar conocidas entonces como las Indias.

A lo que habría de añadir el no menos importante Imperio portugués, con Portugal y todas sus enormes posesiones de ultramar. Pero el infante murió antes de cumplir dos años, y con él la ilusión de convertir en uno solo los dos reinos de la península ibérica. Jamás se habría visto un Imperio igual.

De su segunda esposa, doña María, tuvo el rey Afortunado diez hijos, entre ellos al infante Juan (III), que desde niño fue notable por su piedad, tanto es así que se le conoce como Juan el Piadoso.

De su tercera esposa, Leonor, tuvo Manuel I dos hijos, el varón, Carlos que murió joven y la infanta María de quien ya hablamos al referirnos a la vida de doña Leonor, su madre.

Catalina, la hermana más joven de Carlos V, casó con el heredero de Portugal, Juan III, y tal y como había calculado el emperador Carlos, en concordancia con su padre Maximiliano de Austria, con este matrimonio Carlos situó a su hermana Catalina en una de las Cortes más ricas e importantes de la Europa renacentista.

La expansión marítima portuguesa atraía a intelectuales y artistas, protegidos sobre todo por María de Portugal, quien favoreció con su apoyo a distintas mujeres cultas de la época como las hermanas Luisa y Ángela Sigea, Paula Vicente o Juana Vaz.

Este ambiente cultural no debió extrañar a Catalina, por las referencias que, a través de su madre, tenía de su abuela, Isabel la Católica[45]. Ella misma llegó a tener una gran biblioteca humanista —que servía el librero Juan de Borgoña—; en su biblioteca figuraban tanto autores clásicos como autores de su tiempo, con algunos de los cuales tuvo relación y desempeñó el papel de mecenas.

Debemos anotar que tanto Catalina como su marido, Juan de Avis, fueron personas muy religiosas, y por ello Catalina mantuvo estrecha relación con su menino de antaño, Ignacio de Loyola y con su paje del tiempo de Tordesillas, Francisco de Borja, y asimismo tuvo trato con Francisco Javier o Fray Luis de Granada. También desarrolló una importante labor social con los desfavorecidos de todas clases sociales, especialmente con los pescadores lisboetas.

---

45. Ver nuestro libro *Mujeres renacentistas en la corte de Isabel la Católica*. Ed. Castalia. Madrid. 2005.

Las mujeres de aquellos siglos tenían dos motivos fundamentales que justificaban su existencia misma: habían nacido en primer lugar para ser buenas esposas y en segundo lugar para tener muchos hijos, tanto daba que las féminas perteneciesen a las clases populares o a las clases altas, inclusive las reinas estaban atadas a estas dos obligaciones. Así pues, Catalina hizo todo lo que se esperaba de ella para conformarse a este modelo: dio a luz nueve hijos, de los cuales solo llegaron a adultos dos, uno de ellos fue el infante Juan Manuel y en su natalicio hubo gran júbilo y el nacimiento del infante se celebró con la representación de una las obras maestras del teatro portugués: *Auto de la Visitación o Monólogo del Vaquero*, del dramaturgo Gil Vicente. La obra se representó en la habitación de la reina para que también ella disfrutase del espectáculo, y es que Catalina era mecenas de este literato.

Los hijos habidos por Catalina fueron:

- Alfonso (24 de febrero de 1526-12 de abril de 1526), príncipe heredero que murió a los pocos meses de nacer.
- María Manuela (15 de octubre de 1527-12 de julio de 1545), que se casó con Felipe II de España, su primo.
- Isabel (1529, que murió apenas al año de nacida).
- Beatriz (1530, falleció al mes de haber visto la luz).
- Manuel (1 de noviembre de 1531-14 de junio de 1537), proclamado heredero en 1535.
- Felipe (25 de mayo de 1533-29 de abril de 1539), proclamado heredero en 1537.
- Dionisio (26 de abril de 1535-1 de enero de 1537). A su muerte, se vistió de luto la corte portuguesa, que apenas cuatro meses más tarde se volvería a vestir de negro por la muerte de su hermano mayor, Manuel, el príncipe heredero.
- Juan (3 de junio de 1537-2 de enero de 1554), príncipe de Portugal, proclamado heredero en 1539.
- Antonio (9 de marzo de 1539, que vivió nueve meses).

Aparte de estos hijos nacidos dentro del matrimonio con doña Catalina, Juan III tuvo un hijo ilegítimo: Eduardo (Duarte) arzobispo de Braga.

Naturalmente, con cada nacimiento se alegraban los padres y la nación toda y con cada fallecimiento se apenaban y entristecían, de modo que poco a poco quedó un poso de tristeza entre ambos esposos por las repetidas muertes de sus hijos. Quizás fue por esta causa que Juan y Catalina se tornaron en personas cada vez más pías. La reina patrocinó el establecimiento de monasterios y conventos en Portugal[46]. La creciente religiosidad de Catalina, y también la de su cónyuge, propiciaron que la corte, antaño alegre y renacentista, poco a poco se tornara en una corte severa e intransigente, ello favoreció el establecimiento de la Inquisición y la implantación en Portugal y sus dominios de la Compañía de Jesús. Catalina, que en sus primeros años había sido alegre y que había protegido las letras y las artes, se tornó, como dicen algunos, en reina «arisca y misántropa», en concordancia con la severa religiosidad de Juan III.

Reinado de Juan III y Catalina de Austria. Éxitos y dificultades

Durante el gobierno de estos monarcas, las posesiones portuguesas se extendieron por Asia y al Nuevo Mundo a través de la colonización portuguesa de Brasil. Más que conquistar y colonizar vastos territorios, que costaba caro en dinero y vidas, estaba en la mente de los portugueses hacer bases (al estilo de los antiguos fenicios) en lugares estratégicos

---

46. Jordan Gschwend, Annemarie, *Reliquias de los Habsburgo y conventos portugueses. El patronazgo religioso de Catalina de Austria, en el V centenario de la llegada de la reina Juana I a Tordesillas*. Congreso internacional de Arte e Historia, ed. M. A. Zalama. Valladolid. 2010, pp. 215-38.

para el comercio, bases no muy extensas, fáciles de defender y útiles para sus fines.

Gracias a este sistema, en principio relativamente barato, Portugal consiguió el comercio de la nuez moscada, procedente de las islas de Banda, y del clavo de olor, originario de las Molucas, especias todas ellas muy apreciadas y de alto valor.

Durante su reinado, los navegantes portugueses fueron los primeros europeos en hacer contacto con China bajo la dinastía Ming, y Japón durante el período Muromachi[47]. Portugal abandonó los cercanos territorios musulmanes del norte de África en favor del comercio con la India y la inversión en Brasil que eran mucho más productivos.

Para organizar aquellos vastos territorios, el rey ordenó dividir el Brasil en trece franjas o capitanías que fueron entregadas a nobles portugueses de manera vitalicia y hereditaria, el objetivo era obtener el mayor rendimiento viable con la menor inversión posible.

En Europa, Juan III trabajó para mejorar las relaciones con la región del Báltico y Renania, con la esperanza de que esto reforzara los tratados portugueses. La hermana de Juan III, Isabel de Portugal, casó con el emperador Carlos V y por ello llegó a ser emperatriz, y doblemente cuñada de Catalina, tanto por ser hermana de su marido como por ser esposa de su hermano. Este matrimonio permitió al rey de Portugal forjar una fuerte alianza con el Sacro Imperio alemán a través de Carlos.

Casi se puede decir que el enorme Imperio portugués murió de éxito, se había extendido tanto que era imposible mantenerlo en pie, dadas las enormes distancias, unas comunicaciones no muy útiles y el gasto que conllevaba llevar fortificar enclaves lejanos o despachar órdenes a miles de millas de la capital del Imperio. El Imperio portugués era grande y extenso y era difícil y costoso de administrar y, a la larga,

---

47. El período Muromachi abarca desde 1336 (con Ashikaga Takaujii) hasta 1573 que acaba con la muerte del último Shogun (Ashikaga. Yoshiaki) El periodo Muromachi coincide con el período del segundo shogunato japonés.

hubo de asumir una formidable deuda externa y déficit comercial. Una administración inadecuada hizo que los intereses de Portugal en lugares como la India y Extremo Oriente crecieran de modo caótico. Era casi imposible, dadas las distancias, enjuiciar a los administradores y gobernadores codiciosos e intrigantes, todo este desbarajuste provocó una disminución gradual del monopolio del comercio portugués

Hacia el final del reinado de estos monarcas se sumaron a las dificultades internas de su Imperio, el peligro que provenía de Solimán el Magnífico, el Gran Pachá, el amo de la Sublime Puerta, que amenazaba no solo las rutas marítimas y por ende el comercio, sino la existencia misma del cristianismo en el este y sur de Europa. Portugal se veía amenazado directamente por los otomanos en el océano Índico y en África del norte, ello, a su vez le producía grandes gastos en defensa y seguridad, aumentando así su déficit y disminuyendo sus ganancias.

No solo fue eso, los corsarios ingleses patrullaban el Atlántico y un asentamiento de colonos franceses en las costas del Brasil ofrecieron un nuevo quebradero de cabeza al rey portugués.

Ya mencionamos que Catalina, desde sus días de encierro en Tordesillas, mantenía buenas relaciones con el fundador de los Jesuitas y, por ello, protegió el establecimiento de la Compañía de Jesús en sus territorios. En 1534, se aprobó esta institución por el papa Paulo III y, más tarde, en 1536, se introdujo la Inquisición en la nación lusa.

El primer gran inquisidor fue el cardenal-infante don Enrique, hermano del Rey. Las actividades de la Inquisición se extendieron a la censura de libros, la represión y el juicio para adivinos, brujas y por bigamia, así como el enjuiciamiento de los delitos sexuales, especialmente la sodomía. Lo más lamentable fue la censura de libros, pues cuando se censura la investigación y se castiga la curiosidad se detiene el progreso y la evolución de las naciones.

Si bien la evangelización llevada a cabo por la Compañía en tierras de ultramar fue un hecho destacable, pues junto con la evangelización llevaron la cultura al propagar allende los mares los colegios y las universidades, en Portugal el resultado fue harto distinto, el impacto de la Compañía fue distinto y perturbador en la economía. Acicateados por los jesuitas, el piadoso monarca y también la devota Catalina permitieron drenar los recursos del país para construir suntuosos edificios de culto. Por otro lado, muchas de las órdenes religiosas ya establecidas de antiguo en Portugal no veían con buenos ojos a la Compañía, a la que percibían como una rival y tachaban de practicar fanatismo religioso. Como los jesuitas tenían sus propias universidades, las ya establecidas, a su vez, los presentían como un inminente competidor en un cercano futuro. Todo esto degeneró en una peligrosa inestabilidad social y económica.

El joven heredero, Juan, hijo de los reyes, infante de Portugal (1537-1554) aunque muy joven, había casado con Juana de Austria, hija de Carlos V. Fue este infante el único que había logrado sobrevivir de los nacidos al matrimonio, pero su salud era mala, adolecía de diabetes juvenil y él también falleció muy pronto, apenas con diecisiete años, dejando a su esposa embarazada. Dieciocho días después de la muerte del infante, el 20 de enero de 1554, nació un hijo al que llamaron Sebastián, de larga memoria en la mitología portuguesa. Así las cosas cuando el rey Juan III de Portugal, murió de apoplejía el 11 de junio de 1557, y muerto el padre de don Sebastián, Portugal tenía por heredero a un niño de tres años: don Sebastián.

A la muerte de Juan III, los moros de África pensaron que se presentaba una oportunidad excelente para vengar antiguos descalabros y con ese fin juntaron un ejército formidable; así las cosas la regente doña Catalina llamó a las armas a los portugueses y con ello logró frustrar la empresa de los enemigos. Con tales principios parecía que los finales habían de ser venturosos y, aunque por este hecho los portugueses le prodigaron grandes elogios, pudo más el rechazo que sentían por ser gobernados por una mujer y más siendo española, y esto se manifestó en todo el reino. Se rumoreaba que estaba de parte de Castilla y que terminaría entregando el reino a su tierra de origen. El jesuita padre Cámara, que había sido confesor de Juan III, alimentaba el odio hacia la reina y tanto se esmeró en hacerle la vida difícil a la regente que esta prefirió entregar el gobierno a don Enrique y retirarse a un convento.

Catalina reina regente

Era Enrique el hermano pequeño de Juan III y había tomado órdenes sagradas. Por su alto linaje, promocionó con rapidez entre la jerarquía eclesiástica convirtiéndose en arzobispo de Braga a los veintidós años y seguidamente nombrado asimismo arzobispo de Évora y Lisboa. Ya apuntamos que Enrique fue el primer gran inquisidor de Portugal y poco después obtuvo el birrete cardenalicio y fue desde entonces nombrado como cardenal-infante; en último término fue don Enrique, como ya apuntamos, quien decidió llevar a los jesuitas a Portugal y utilizarlos en el Imperio colonial.

Con las repetidas muertes de sus hijos, la reina Catalina sufrió mucho pues además de la pérdida de sus vástagos, la dinastía de Avis quedaba comprometida. La historiadora Annmerie Jordan lo resume así: «su actitud estoica favoreció el mantenimiento de la paz y la estabilidad, pues ella asumió la regencia para proteger los intereses de la corona hasta 1562, cuando su nieto Sebastián le tomó el relevo».

Muchas dificultades y problemas hubo de solventar la reina en el período de su regencia, así tenemos que de manera secreta, Carlos V, desde Yuste le envió, por medio de San Francisco de Borja, la sugerencia-orden de que, dado el estado precario de salud del heredero de Portugal, don Sebastián, se jurase por heredero de Portugal a don Carlos, el hijo de Felipe II. Ella, aunque era castellana, defendió la Corona de Portugal y no ejecutó los deseos de Felipe II.

Una de las preocupaciones de la regente era la educación del díscolo nieto, a quien había de preparar para ceñir la corona, en esto no estuvo de acuerdo con los maestros que sugería su cuñado, el cardenal-infante, don Enrique, el cual deseaba encomendar la educación de su sobrino a un preceptor jesuita amigo suyo, el clérigo Cámara, mientras la reina Catalina deseaba que el mentor fuese un dominico, como fray Luis de Granada pues sabía que el padre Cámara era intrigante, pero este era los ojos y oídos de don Enrique en la corte. Por estas desavenencias, quiso la reina dejar la regencia pero al comunicar su voluntad a los estamentos de las Cortes, el clamor popular le hizo cambiar de idea y la obligó a continuar en su papel. No obstante, en 1562, doña Catalina renunció definitivamente y como dijimos, ingresó en un convento.

Había grandes problemas en el gobierno de la metrópoli y especialmente en el mundo colonial portugués, y aunque la reina renunció a gobernar, cediendo esta actividad a don Enrique, el cardenal-infante, ella conservó la tutela de su nieto cada vez más desafecto a ella, más díscolo y más rebelde. Doña Catalina permaneció en su puesto hasta que el joven cumplió los catorce años, cuando se consideraba que un príncipe había llegado a la mayoría de edad y podía reinar sin ayuda ni tutoría. El nuevo rey, don Sebastián, le causó tantos disgustos, que la reina Catalina estuvo a punto de abandonar Portugal y volver a Castilla y hubo de intervenir el papa Pío V, aconsejado por Felipe II, para convencerla de no dejar el país totalmente en manos del joven Sebastián, pues al menos su presencia podía tener alguna influencia en él.

En los últimos años de su vida intentó la reina Catalina casar a su nieto con la hija de Felipe II, Isabel Clara Eugenia, pero durante su juventud don Sebastián jamás se interesó por las mujeres ni dio síntomas de querer contraer matrimonio.

Algunos biógrafos aluden a una enfermedad en su órgano sexual, que le provocaba impotencia y esterilidad, y que se acentuaba con la práctica de ejercicio físico y se relativizaba con el reposo.

Y no es que el rey don Sebastián rechazase encuentros de orden sexual: «pues tuvo un buen número de aventuras homosexuales, y algunos acompañantes de su corte eran al parecer también homosexuales»[48].

El joven rey era también muy piadoso, fue un extraño místico que dedicaba largos periodos a la caza. Se convenció a sí mismo de que era un gran capitán de Jesús en una gloriosa cruzada contra la expansión del poder turco en el norte de África. Don Felipe (II) trató en vano de convencerlo de que tal cruzada era un peligro cierto, pero el joven insistió. Tenía poco sentido común y era belicoso y atrevido.

En el libro del marqués de Fuensanta del Valle, *Colección de Documentos Inéditos para la Historia de España*, en el cual nos relata lo sucedido, dice entre otras cosas refiriéndose a la derrota de Alcazarquivir:

> *… Pues como quiera que el Rey don Sebastián de su propio natural fuese hombre belicosísimo en extremo, y desde pequeño inclinado á las armas y ejercicios de guerra, ocupándose á la continua en el uso dellas, ayudándole á esto las grandes fuerzas y valentías de su persona, y el ánimo nunca jamás oidos; paresce claro que él deseaba se ofresciese en las partes de África la menor ocasion del mundo para ir sobre ella, tomando por objeto el ensalzar la santa fe católica…*

Contra todo consejo pasó a África y allí murió con más de 12 000 hombres de los suyos.

> *… Entre los que murieron, las personas más señaladas fueron: el Rey don Sebastian, el Duque de Aveiro, el Obispo de Coimbra, el Obispo del Puerto, el Comisario general de las bulas, que su Santidad envió, Tomás Estucley, don*

---

48. Kamen Henry. *El Rey Loco y otros Misterios de las España Imperia*l. La Esfera de los Libros. 2012.

Alonso de Cardona y de Aguilar, Cristóbal de Tavora y su hermano Alonso Pérez de Tavora, y otros muchos caballeros y hijosdalgo que dejo por evitar prolijidad. Luego, pues, otro día siguiente martes, que fué por la mañana, 5 de Agosto, «envió el nuevo Rey un tercio de infantería al Real á reconoscer los muertos que había de los moros para los enterrar, y hallaron ser hasta mil y quinientos»...[49].

Huella de la Reina

Juan de Borja, el cual residió muchos años en la corte lisboeta como embajador español en Portugal (de 1569 a 1575), conocía bien a Catalina de Austria y la califica en su misiva como «Sancta Reyna». Sus palabras son eco de las de sus contemporáneos en Portugal, como el padre Simão Coelho el cual alababa la «piedad y bondad» de la reina. Asimismo, su confesor, el padre Torres, afirmaba que nunca había conocido un «alma más pura». Durante su vida, Ignacio de Loyola, quien murió en 1556, no fue menos unánime en su alta opinión de la moralidad de la reina. El fraile dominico Luis de Granada (1504-1588), consejero espiritual de Catalina y confesor al final de su vida, fue el autor del sermón principal del funeral por las exequias de la reina que tuvieron lugar en el monasterio de Jerónimo de Belém, en las afueras de Lisboa, donde Catalina había construido un mausoleo en honor de las dinastías Avis y Habsburgo. El sermón de don Luis de Granada, muy bien recibido por todos los presentes, ensalzaba las virtudes de la reina fallecida, comparando su religiosidad con la de un santo canonizado: «predicó (...) con gran

---

49. *Colección de Documentos Inéditos para la Historia de España.* Marqués de Fuensanta del Valle. Imprenta de Rafael Marco y Viñas. Madrid, 1891.

encarecimiento de las virtudes de la reina, que haya Gloria». Además de por su religiosidad y su piedad, la reina fue ensalzada por su apoyo a los conventos y monasterios por todo Portugal. No mucho después de su muerte, sus actos como viuda piadosa y religiosa fueron recopilados en escritos sobre su vida. Devota, ella bordaba personalmente ornamentos religiosos para muchas iglesias y oratorios pobres y también vestidos y atavíos que ella bordaba con las damas de su corte; protegió a los numerosos huérfanos (negros y blancos) a los que ella dotó en Portugal, Brasil y en Asia. Como Sheila Folliott apuntó recientemente: «la piedad y la caridad era la manera más aceptable socialmente para el patronazgo de las mujeres en el Renacimiento». Un Diccionario Histórico de Portugal nos dice: *«fundou em Lisboa em 1519, o Colégio dos Meninos* Órfãos, *dotando-o generosamente, onde sempre houvesse mestres, que os educassem e os instruíssem para qualquer estado a que se dedicassem e no convento de S. Domingos o Colégio Real de N. Sr.ª da Escada, em 21 de julho de 1572, para o ensino de teologia moral e casos de consciência* a clérigos seculares, *estabelecendo rendas para os mestres, e para trinta colegiais pobres a quem vestia e sustentava...»*.

La reina fundó y dotó en el Colegio de Huérfanos, un orfanato, bajo la dirección de la Casa de la Misericordia para treinta huérfanos con el fin de formarlos en el conocimiento del latín y en música. En 1556, Catalina equipó a un esclavo norteafricano, llamado Diogo Carvalho, con ropas y una cama, para que pudiera estudiar doctrina Cristiana en ese mismo Colégio dos Meninos Órfãos. Aunque los cronistas relacionan a Catalina con la construcción de un buen número de iglesias y conventos, su mecenazgo arquitectónico fue mucho más variado. La reina también asumió el coste de proyectos de construcciones monumentales iniciados y abandonados por otros monarcas por razones varias pero ella se sintió con el deber de acabar esas obras por la grandeza de Portugal.

Catalina desempeñó un importante mecenazgo artístico. Fue una coleccionista superior de objetos artísticos (joyas, tapices, alfombras, etc.), así como de objetos y animales exóticos, muchas de tales cosas venían de las colonias portuguesas de Goa, Malaca, Macao, Ceilán, sin olvidar a China y Japón así como objetos y armas del norte de África. Fue la primera persona a la que se le ocurrió organizar una especie de museo de curiosidades, lo que los alemanes nombrarían más tarde como *Kunstkammer*. Entre las «curiosidades» patrocinadas por Catalina se hallaba un zoológico de animales exóticos (jirafas, elefantes, etc.). No hubo novedad que no le interesase.

Piadosa como era la reina dotó a numerosos conventos de todo lo necesario para los servicios divinos y, además, encargó tablas, cuadros y esculturas para tales lugares. Mantuvo activa correspondencia con sus parientes, con el papa y con sus antiguos amigos y servidores de Tordesillas. Sobre todo, tenía en gran aprecio a su hermano Carlos y a Felipe II, hijo de Carlos V y por tanto su sobrino carnal. Prueba de que este aprecio era mutuo tenemos una carta de 21 de julio de 1556, de Carlos a su hermana Catalina tras su abdicación:

Señora:

Las cartas que de V.A. he recibido y por la última de XII del pasado he visto lo que dice acerca de la renunciación que hize en el Rey mi hijo de la que tengo el contentamiento que es la mejor razón, así por descargarme de negocios tan importantes con que no podía cumplir sin escrúpulos por mis indisposiciones como por ser cierto que el Rey mi hijo lo governará y administrará como conviene

A V.A. doy muchas gracias por lo que tratando de esto apunta y por lo que desea verme en esos reynos, que, placiendo a Dios, N.S. será presto y no lo deseo poco así por acabar de reitrearmae (retirarme) como por tener a V.A. más cerca. Y de que tenga salud y así el Serenísimo Rey y el príncipe huelgo mucho N.S. le conserve como ha menester;

yo quedo en buena disposición, bendito sea Dios y lo demás de acá le pluguiera saber entender del Embajador Manuel Melo, a quien me remito, al qual guarde y acreciente la muy alta y poderosa persona de V.A. como deseo. En Bruselas a XXI de Julio de MDLVI.

A lo que V.A. mandare. Carlos.

Por estas fechas, él ya estaba enfermo o, al menos, no en plena salud, por ello ansía retirarse y descansar («y no lo deseo poco»), dejando al rey Felipe en su lugar, del cual se fía en que lo hará bien («el Rey mi hijo lo governará y administrará como conviene»). Carlos V falleció en 1558, cuando escribió esta carta le quedaban ya solamente dos años de vida. Su hermana Catalina era la menor de los hermanos, había nacido en 1507 y por tanto tenía cincuenta y cinco años, pero ella también tenía poca salud.

Como la hermana más joven del emperador Carlos V, Catalina había alcanzado en 1578 un elevado nivel de consideración y respeto dentro de la familia Habsburgo y sus respectivas cortes. Ella cultivó unas excelentes relaciones con la corte imperial austriaca, primero con su hermano, Fernando I[50], luego con el hijo de este, Maximiliano II, y finalmente con su sobrino nieto, Rodolfo II. Estas relaciones fueron

---

50. Aunque Fernando había permanecido en España entre 1507 y 1518, apenas había tenido contacto con Catalina mientras esta vivió en Tordesillas. Cfr. SEIPEL, W. (ed.), *Kaiser Ferdinand I. 1503-1564. Das Werden der Habsburgermonarchie*, Viena, 2003 y ZALAMA, M. Á., "Ambito artístico y vida del infante don Fernando", en *Fernando I, un infante español y emperador*, Valladolid, 2003, pp. 69–84. El primer encuentro tuvo lugar en 1518, cuando Fernando entregó a Catalina algunos regalos cuando se disponía a abandonar definitivamente España. Los objetos habían sido recibidos en Valladolid por el camarero Sancho de Paredes. Cfr. GONZÁLEZ NAVARRO, R., *Fernando I (1503-1564): un emperador español en el Sacro Imperio*, Madrid, 2003, p. 360: «*una poma de ánbar y amiscle redonda guarneçida de oro*», donada por Germana de Foix, viuda de Fernando el Católico, a su nieto Fernando, quien a su vez se la dio a su hermana (p. 392), «*E mas otro candelero de plata [...] que yo obe dado a la señora Ynfante doña Catalina, my hermana, que pesó con sus tenazicas y cadenicas cinco honzas y seys ochavas y medya*».

reforzadas por regalos intercambiados entre la reina portuguesa y la corte imperial, principalmente artículos de lujo y animales vivos (incluyendo elefantes) importados desde las colonias portuguesas (*feitorias*) en África y en la India.

Muerto el César Carlos, la reina viuda permaneció en el convento de la Esperanza y desde allí continuó la correspondencia con su sobrino Felipe. He aquí la última misiva que escribió la reina Catalina a don Felipe II el 1 de enero de 1578[51].

> *Señor: El conde de Andrade me dio la carta de V.A. y me visitó de su parte, y en lo que V.A. me escribió y en el de su nombre me dixo rescibí muy grande merced porque procede todo del amor que V.A. me tiene y es encaminado a darme consolación, conforme a mi necesidad, que no es pequeña porque cualquier dolor que de nuevo me viene me renueva muchos. Más la merced que Dios me hace en dar a V.A. vida y mejoría en su salud para todo me puede ser de consolación.*

> *Beso las manos de V.A. por el cuidado que de mi tiene y por hazerme saber lo que conviene hazerse con el Estado de Flandes para que vivan en obediencia de Dios y en de V.A. cuyo santo zelo será ayudado de N.S. pues de V.A. depende principalmente la defensa y conservación y augmento de lo que se cumple para gloria suya y beneficio dela religión christiana, y si Él oyese mis oraciones, Él será luz y guía en todos los consejos de V.A. y le asistirá con su favor para la execución dellos; porque ningún dia me descuido de hazer lo que V.A. me encomienda.*

---

51. Colección de don Francisco Belda.

De don Juan de Silva he sabido que, como V.A., no falta en darme consolación como a madre, no falta a su sobrino el rey en darle consejos como a hijo. Confío en la misericordia de Dios que los aceptará como tiene obligación.

En las otras cosas no torno a hablar porque no parece no ser llegada su hora, placerá a N.S. traerla, más lo del efecto del casamiento, que es lo que más deseo, no sé si lo podré gozar porque estoy tan falta de salud que no me atreví a escribir a V.A. de mi mano como el conde podrá decir.

Yo le he encomendado dé a V.A. por mí las buenas salidas de Pascuas y entradas de año y a N.S. que por mucho y muy bien aventurados años guarde a la muy real persona de V.A. como desea

DE Exobregas 1º de enero de MDXXVIII. Madre de V.A, que hará lo que V.A. mande, Rayhna. (Carta escrita con la letra de Francisco Cano)

Muy pronto tras enviar esta misiva falleció la reina Catalina en Lisboa el 12 de febrero de 1578. Apenas había transcurrido cuarenta días desde la carta a su sobrino don Felipe. Siete meses más tarde el malaventurado príncipe Sebastián se embarcó en la cruzada que le costó la vida. Quién sabe si la reina, de haber vivido, lo habría convencido de no embarcarse en tan absurda empresa. La muerte de don Sebastián sin descendientes determinó que el trono de Portugal fuese ocupado por su tío el cardenal-infante, Enrique, cuya muerte también sin herederos en enero de 1580 abrió la crisis que desembocaría en la cesión de la Corona portuguesa a Felipe II.

En el diccionario Histórico-Corográfico Portugués se lee de esta reina singular:

… Estaba dotada de un ánimo varonil y enérgico y de una inteligencia poco común y ejerció una gran influencia en los asuntos de Estado, porque don Juan III no rechazó el admitirla en los Consejos de Estado, siendo la única entre las antiguas reinas que mereció tan grande honra[52].

Catalina había renunciado a la regencia en 1562 y al año siguiente, en 1563, le fue concedida la rosa papal por Pío IV, el más alto reconocimiento concedido por la Iglesia a una reina del Renacimiento. La rosa, hecha de ramas de oro, con frecuencia decorada con joyas, simbolizaba la Pasión y el Amor de Cristo, y representaba la «rosa de la virtud» se entregaba a las reinas y princesas piadosas. Concedida en raras ocasiones a monarcas o reinas por servicios a la Iglesia, fue considerada como un signo de reverencia y afecto, convirtiéndose más tarde en un instrumento de diplomacia internacional en el Renacimiento. Es poco conocido el hecho de que Catalina, a pesar de ser la reina de Portugal y haber defendido la unidad y continuidad de ese reino, y a pesar del sincero reconocimiento otorgado por el papado y sus súbditos portugueses, en un momento crucial de su vida Catalina intentó retirarse a un convento en España, después de 1570[53].

En cartas enviadas en 1572 al papa Pío V, en las cuales ella imploraba su consejo y apoyo, Catalina, le confía su descontento por residir en Portugal y su deseo de marchar: «*tambem das razões que eu tenho para viver descontento e intentar, e ainda efectuar qualquer mudança*». Su intento de trasladarse a un convento español fue apoyado totalmente por su sobrino, Felipe II, con el cual ella mantenía una relación personal muy cercana, y

---

52. «*Era dotada dum ânimo varonil e enérgico, duma inteligência pouco vulgar, e exerceu decidida influência nos negócios do Estado, porque D. João III não recusou admiti-la em todos os conselhos de estado, sendo única, entro as antigas rainhas, que veio a merecer tão grande honra*».

53. Annemarie Jordan Gschwend. *Reliquias de los Habsburgo y conventos portugueses. El patronazgo religioso de Catalina de Austria*.

fue este quien le propuso varios lugares a su tía, entre los primeros Carmona y Baeza. Más tarde Talavera u Ocaña fueron vistos como ciudades óptimas para residencia de una reina, y cuando Catalina eligió finalmente la última localidad, para satisfacción de Felipe II, decidió viajar allí pasando por la iglesia de peregrinación de Guadalupe en Extremadura.

Sin embargo, estos planes pronto se desvanecieron cuando las noticias de su inminente partida de Portugal llegaron a los dirigentes eclesiásticos, del gobierno y oficiales de la corte de más alto rango, estos protestaron ante la reina: ella no debía irse de Portugal, la consideraban una especie de madre. El obispo de Silves, don Jerónimo Osorio, le escribió una sentida carta pidiéndole que no los abandonara «por las llagas de Nuestro Señor Cristo», que no desamparase aquellas tierras, en donde «todos la reputaban como madre y señora». El Senado de Lisboa acudía al rey don Sebastián para que evitase «cosa tan fea, como salirse de vuestros reinos vuestra abuela y señora nuestra, sobre todo siendo, como es notorio en todo el mundo su muy alta y real virtud, sus grandes méritos, su cristiandad y su buena intención».

El famoso Andrade Caminhas a este motivo dedicó unas trovas:

Quando a Reinha quería ir para Castela

Callar no sufre el dolor
Que ya, señora, tenemos
Del mal que cercano vemos
Todo contra el grande amor
Con que con vos padecemos

Si nuestras quejas oís,
Que son mayores por vos,
Mostrad – si el daño sentís
Aunque solo dañe a nos
La pena con que os partís.

Ante tanta insistencia, Catalina permaneció en la corte de Lisboa aunque con profundas reservas y resignación, retirándose enteramente de la política al convento de la Madre de Dios en Xabregas en 1571, decidida a terminar, según su visión, el patronazgo religioso de determinados conventos y la conclusión de su panteón y memorial dinástico en el monasterio de Jerónimo de Belém.

Murió Catalina en la residencia adosada a la iglesia de la Madre de Dios, en los primitivos edificios mandados construir por su tía, la reina viuda Leonor, en febrero de 1578. Un principio infeliz el de esta reina, encerrada en Tordesillas; pero al final fue amada por su esposo, por sus súbditos y por sus parientes por su bondad y generosidad. Lo peor de su reinado fue su nieto: el díscolo y desgraciado príncipe Sebastián.

Bibliografía de Catalina, reina de Portugal

13. *Archivo Documental Español* publicado por la Real Academia de la Historia.

14. ARMSTRONG, Edward. *The Emperor Charles V.* The Macmillan Company. New York. 1902.

15. BRAUDEL, Fernand. *El Mediterráneo y el mundo mediterráneo en la época de Felipe II.* Fondo de Cultura Económica. Méjico. 1953.

16. CORTADA, Juan. *Historia de Portugal, desde los tiempos más remotos hasta 1839.* Imprenta A. Brusi. Barcelona 1844.

17. GONZÁLEZ NAVARRO, R., *Fernando I (1503–1564): un emperador español en el Sacro Imperio,* Madrid, 2003.

18. HUXTABLE ELLIOTT, John. *España en Europa: Estudios de historia comparada.* Escritos seleccionados, Universitat de València. 2002.

19. JORDAN GSCHWENDE, Annemarie. *Reliquias de los Habsburgo y Conventos Portugueses. El Patronazgo Religioso de Catalina de Austria en el V Centenario de la llegada de la reina Juana a Tordesillas.* Congreso Internacional de Arte e Historia. Ed. M.A. Zalama. Valladolid. 2010.

20. LLANOS Y TORRIGLIA, Félix. *Contribución al Estudio de la Reina de Portugal, Doña tCatalina, Hermana de Carlos V.* (Biblioteca Nacional) Madrid. 1932.

21. LYNCH, J. *Los Austrias (1516-1598) Historia de España, X.* Ed. Crítica. Barcelona. 1993.

22. MORAGAS de, Jerónimo. *De Carlos I Emperador, a Carlos II el Hechizado.* Editorial Juventud. Barcelona. 1983.

23. VIMIOSO, J. *Elogios das Rainhas, Mulheres dos cinco Reys de Portugal do nome de Joao* Lisboa Oficina de Manoel Coelho Amada. 1747.

24. YAMASHIRO, José, *Choque Luso No Japão Dos Séculos XVI e XVII.* Ibrasa. 1991.